| 영상·교육공학 전공 수석교사들이 만든 |

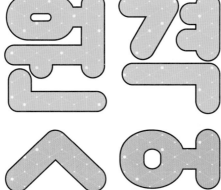

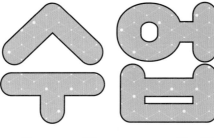

블렌디드 수업과 학급경영

김미자 · 정문화 · 정득년

박영story

원격수업시대

블렌디드 수업과 학급경영

김미자 · 정문화 · 정득년

원격수업시대에 교사는 무엇을, 어떻게 할 것인가?

대면 수업이 그대로 온라인으로 옮겨지다.

"미래는 이미 와 있다. 단지 골고루 퍼져있지 않았을 뿐이다."[1]

그 어느 때보다 미래예측이 불가능한 코로나 시기였음에도 불구하고 코로나는 단박에 미래 기술을 모두에게 퍼뜨렸다.

이처럼 갑작스런 교육환경의 변화에 교육부를 비롯하여 학교, 교사들은 '코로나 시대의 교육'에 대한 고민이 커지기 시작했다. 특히 이전의 학교 교육은 대면수업을 전제로 짜여진 교육과정이었기에, 교사들은 온·오프라인으로 이어지는 원격수업시대에도 온라인을 통해 대면수업 자료를 제공하는 데 급급했던 것이다.

e학습터, ebs 온라인클래스로 충분했나?

"조각배를 이어 붙여 항공모함을 만들었다."

EBS 온라인클래스는 300만 명을 대상으로 하는 서비스를 개발하기 위해서 고군분투했다. 처음부터 면밀한 계획을 세워 개발되었던 것이 아니라, 인프라, 소프트웨어, DB, 네트워크 전문가, 튜닝 전문가, 개발 전문가 등이 참여한 거대한 TF팀이 상황실에서 2주 이상의 밤샘 작업을 하며 300만 명이 접속하고, 70만 명이 동시접속 가능한 플랫폼을 만들기 위해 10개의 서버에서 50개의 서버로, 다시 100개에서 1,000대의 서버로 옮겨 가면서 운영되기 시작했다.

순식간에 개발이 되자마자 운영모드로 넘어갔지만, 최적화된 성능을 위해 교사들과 학생들에게 제공되는 기능은 콘텐츠, 커뮤니케이션, 간단한 평가 정도로만 제한하게 되었고, 다양한 도구적인 기능은 물론이고 초·중등단위의 개별적인 수업방식과 교사들 각각이 원하는 방식으로 자유롭게 수업을 설계할 수 있는 기능도 충분하게 고려되지 못했다.

---

1) 윌리엄 깁슨.

이에 대해 사람들은 자연 재해로 이재민이 생겨났을 때 정부에서 체육관에 임시 거처를 마련해주는 것처럼, 교육부는 대면으로는 만날 수 없는 교사들과 학생들을 위해 임시 오작교를 만들어 제공한 것이라는 말이 나왔다.

기업교육의 변화(70:20:10 Learning Model)

그동안 기업에서는 숙련된 직원을 양성시키 위해 많은 예산을 투입하고 다양한 교육 프로그램을 개발하고 운영해왔다. 그러나 기존의 학습공간(교실, 온라인학습시스템)에서 이뤄지고 있는 교육 프로그램이 개인의 성장에 그다지 큰 영향을 미치지 않았다는 연구 결과로 인해 이를 개선하기 위한 다양한 연구가 진행되었다.

기업에서 개인들의 학습이 이루어지는 과정은, 대부분 현장에 투입됨에 따라 자연스럽게 체득(70%)되거나 동료들 간의 코치나 멘토링을 통해 습득(20%)되는 것으로 교육 프로그램을 통해 전달되는 것은 10%에 불과하다는 것이다. 이것이 70:20:10 이론이다. 따라서 업무와 교육을 구분하고 시간과 장소를 나누어 이루어졌던 기존의 교육 프로그램을 폐기하고, 일과 교육을 병행하는 방식으로 교육·훈련 방식의 패러다임으로 전환하고 있는 것이다. 업무를 하는 동안 틈틈이 필요한 지식을 얻을 수 있도록 하기 위해 등장한 '마이크로러닝'은 이와 같은 변화의 흐름에 맞추어 탄생한 새로운 교육방식 중 하나이다.

2년 걸릴 일이 2개월 만에 이루어지다.

이러한 패러다임의 변화는 교육 현장에서도 일어나고 있다. 마이크로소프트사 CEO인 사티아 나델라는 이렇게 표현했다. "2년 걸릴 디지털 전환이 2개월 만에 이뤄졌다." 학교 현장에서 들리는 목소리는 이것보다 훨씬 드라마틱하다. 2년이 아니라 10년이 걸려도 안 될 것만 같았던 일들이 6개월 안에 이루어지고 있다.

우선 가장 눈에 띄는 변화의 주역은 교수자(교수, 교사)들이다. 기존에 컴퓨터는 수업자료를 만들거나 업무를 수행하는 목적으로만 활용되어 왔지만, 현재는 실시간 강의를 운영하는 것뿐만 아니라 학생들을 위한 온라인 교육 콘텐츠를 개발하는 것으로 용도가 바뀌고 있다. 학교 현장을 잘 알고 있는 사람들에게는 이러한 변화는 코로나 이전에는 전혀 기대하기 어려운 일들이었고 10년 정도가 걸릴 수 있는 일들이 순식간에 일어난 것처럼 느껴진 것이다.

이는 비대면 상황에서의 수업경험을 바탕으로 한, 교수자들의 인식 전환 때문이라고 할 수 있다. 지금까지 대면 방식의 수업에서는 가르치는 역할이 절대적이었지만, 비대면 상황에서는 그렇지 않다는 것을 체득한 것이다. 교수자의 역할이 단순히 지식을 전달하는 것 이상이어야 한다는 것에 대한 무언의 공감대가 확산되고 있는 것이다.

온라인 개학을 통해 교사와 학교의 역할 변화에 대한 진지한 담론들이 형성되고 있는데, 그동안 변화가 이루어지지 않았던 것은 변화에 대한 욕구가 부족해서라기보다는 변화를 이끌어갈 만한 동력과 주체가 불분명했기 때문이 아니었을까?

그러나 코로나로 인한 장기간의 온라인 수업이 이루어지면서 교사들은 교육청 단위의 연수가 아니라 동료와 유튜브 등을 통해서 에듀테크의 기능들을 스스로 배우고 익히며 실행해 가고 있다.

e러닝이 아니라 에듀테크 시대를 열어야 한다.

과거에는 이러닝과 에듀테크가 동일시 되던 시절이 있었다. 그러나 이러닝은 인터넷 강의와 같은 '지식을 전달하고 평가'하는 데 사용된 기술들이며, 에듀테크는 지식 전달보다는 '소프트 스킬이나 역량부분'에 훨씬 많이 집중하는 것으로 확연한 차이가 있다. 따라서 이러닝은 콘텐츠에 대한 관심이 많았던 반면, 에듀테크는 학습 활동 데이터에 더 많은 관심을 기울이고 있는 것이라고 볼 수 있다.

2015교육과정에서 강조한 개개인의 핵심역량을 기르기 위해서는 학교가 아닌 그 어디라도 교육 현장이 되고 그것을 통해 배우고 익히면서 역량을 길러야 한다는 것이었다. 그러나 "PISA 2018년 데이터를 기반으로 한 한국 학생들의 ICT 접근성과 교과 활용도 분석"을 주제로 한 연구결과에 따르면, 우리나라 학생들이 모든 교과 수업(9개) 시간에 디지털 장비를 사용하는 비율은 2.96%에 불과한 것으로 나타났다. 조사대상국인 OECD 32개국 가운데 최하위권인 31위를 기록했다. OECD 평균은 8.22% 수준이다. 이는 교실에서 잠가놓은 WIFI문제, 학교에 오면 스마트폰은 꺼내지도 못하게 하는 규제 중심의 분위기에 기인한 탓이기도 하다.

올해 치러진 2020학년도 고3 모의평가에서 고득점자와 하위득점자는 늘어난 반면 중위권자는 줄어드는 현상이 나타났다. 이는 원격수업으로 인한 '성적 양극화'로 온라인 개학과 비대면 원격교육이 미래교육의 전면적인 대안이 되기에는 무리가 있다는 지적이 나온다.

온라인 수업을 하면서 학생들에게 일어난 가장 큰 변화 중의 하나가 유튜브 시청 시간이 늘어났다는 것이다. 온라인 수업 중에도 유튜브 화면을 옆에 놓고 보는 멀티 태스킹을 하고 있는 것이다. 멀티 태스킹을 한다는 것은 그만큼 수업에 대한 집중도가 떨어진다는 것을 의미하기도 한다. 물론 그 유튜브 내용은 '재미있는 짤방'일 수도 있지만 자신이 관심 있는 분야의 콘텐츠이거나 과제를 하기 위한 것이기도 하다. 이처럼 온라인의 모든 것들은 교육의 장이 되고 있다. 이처럼, 지금은 이러닝 산업이 교육환경을 지원하는 도구로만 여겨지던 시대에서 에듀테크적인 관점으로 교육의 발전을 도모하는 전환기를 맞이하고 있다.

에듀테크 교육 생태계

대한민국은 교육의 본질적 혁신에 있어서 빠르게 성과를 만들어 왔으나 디지털을 통한 혁신은 여전히 국가 주도적 환경과 경험해보지 못한 것에 대한 저항으로, 참신한 아이디어를 가진 스타트업들과 민간 기업들이 공존 공생하며 에듀테크 생태계를 가꾸기에는 어려운 환경이었다.

반면 교육 대기업을 중심으로 하는 에듀테크와의 결합 가속도는 엄청나다. 기존 서비스에 인공지능·빅데이터 기술들을 도입해 학습경험의 혁신을 만들어 냈고 외국어와 수학 영역에서 투자와 회수를 통해 진화를 하고 있다.

지난 5월, 한국교육학술정보원의 지원으로 에듀테크 산업 활성화를 위한 조사에서 "미래교육을 위한 기반 인프라로 에듀테크 서비스 활성화 환경 조성을 위해 어떤 제도 개선이 필요할까요?"라는 질문에 참여자들의 의견은 다음과 같았다.

첫째, 에듀테크 도구를 자유롭게 활용할 수 있는 인프라, 법제도/규제개선이 필요하다.

둘째, 중앙집중식에서 지속가능한 자유경쟁을 할 수 있도록 에코시스템을 만들어달라.

셋째, 제품이 학교의 사용자에게 적합하게 만들어 질 수 있도록 테스트 베드와 연구 지원을 해달라였다.

그러나 이것만 개선하면 에듀테크 도구를 활용한 수업의 혁신과 K-에듀의 성공적 모델이 과연 만들어질 수 있을까?

"기술은 도구일 뿐이고 교육의 본질이 중요하다."[2]

잘 만들어진 에듀테크는 교육의 본질이 녹아있어야 한다. 대한민국이 만들어내는 에듀테크 도구는 10년 넘게 노력한 혁신 교육의 노하우가 담겨져야 한다. 또한 교수자 업무경감, 교원의 전문성 신장, 특수교육 등 학교 현장의 문제를 스타트업, 교육 기업들이 머리를 모아야 한다.

2020년 1학기를 잘 버텨준 e학습터와 EBS온라인클래스, 네이버 밴드, 구글 클래스룸, 줌… 선생님과 학생이, 정부가 제안한 최소한의 플랫폼을 자유롭게 벗어나 내가 원하는 서비스를 자유롭게 사용할 수 있게 된다면 엄청난 글로벌 지식과 연결의 세상이 열릴 것이다.

이미 학교 현장의 교사들은 정부주도의 통합형 중앙집중의 방식으로는 다양하고 빠르게 변화하는 학교현장의 문제와 교수학습모형을 지원하는 에듀테크 서비스를 만들 수 없다는 것을 깨닫고 주변에서 활용할 수 있는 에듀테크 시스템을 총 동원하고 있다.

즉, 교사들은 정부주도 플래폼인 e학습터나 ebs온라인클래스를 통한 콘텐츠 제시형 수업과 과제제시형 수업에서 벗어나 각자 교사들의 역량과 학생들의 온라인 환경에 어울리는 도구들을 찾아 나서고 수업에 적용하고 있다. 영상을 제시하고 일방적으로 시청하는 수업 형태에 머물렀던 1학기 수업에 비해, 교사들은 쌍방향 수업을 구축하고, 콘텐츠를 제작하거나 기존의 콘텐츠를 활용하여 보다 풍성한 수업을 실현하고 있다. 또한 학급밴드나 카페 등을 활용하여 학생들이 자유롭게 의사소통을 나눌 수 있는 소통의 장을 마련해주어 원격수업으로 인한 폐쇄성을 제거해 주기도 하였다. 이러한 작은 실행들이 학생들에게 소속감을 느끼게 하고 학생들의 집중도와 참여도를 높였으며 나아가 학습격차까지 줄일 수 있다는 사실을, 교사들은 이미 깨달아가고 있다.

---

[2] 미네르바스쿨 대표, 벤 넬슨.

이 책에 대한 소개 및 구성

🔍 이 책에 대한 소개

이 책은 예상치 못했던 코로나 사태로 교육 현장에서 벌어지고 있는 혼란과 위기를 겪고 있는 선생님들에게 작은 도움이라도 되고자 기획된 책입니다.

지난 몇 개월 동안 '콘텐츠 제공 수업'과 '과제 제시형 수업'을 중심으로 진행하던 선생님들은 원격학습이 예상보다 장기간에 걸쳐 지속되자 학생들의 집중력과 몰입 부족으로 인한 학력 격차에 대한 한계를 느끼고 있습니다. 물론 서울시교육청과 경기, 부산시 교육청에서 블렌디드 수업에 대한 자료집들이 개발되어 제공되기도 하였습니다.

또한 사회적으로는 4차 산업사회로 나가기 위한 혁신적 교육 방법으로, 에듀테크 도입에 대한 인식의 변화가 일어나면서 새로운 돌파구를 찾으려는 시도가 자연스럽게 이어지고 있습니다. 그러나 온라인 중심의 원격수업은 그 누구도 시도한 적이 없었기에 현장의 선생님들은 답답하기도 하고 두렵기도 하지만 참고할 만한 사례가 전무하여 그 갈증이 해소되지 않고 있습니다. 왜냐하면 대부분의 온라인 학습 서적들은 주로 온라인 도구 활용 중심으로 이루어졌으며 실제 수업에서 어떻게 활용하고 어느 시기에, 어떤 내용에 적합하게 활용하는 것이 좋은지에 대한 언급이 없었기 때문입니다.

이에, 교육공학을 전공한 두 명의 수석교사와 영상·미디어교육을 전공한 수석교사는 이러한 한계점을 인식하고 그것을 극복하기 위한 책을 만들기 위해 첫 발을 내딛었습니다. 단순히 온라인 수업이라는 도구적인 측면만이 아니라 '교육과정 재구성'과 '학급경영·생활지도', '교육 현장에서 유용한 온라인 학습 도구 활용'이라는 큰 틀에서 원격수업의 방향성을 잡고 구체적인 방법들을 모색하기 위해 자료를 수집하고 방법들을 적용하면서 시행착오들을 수정하면서 그 한계를 극복하기 위해 노력했습니다.

그러나 이전에 없었던 내용을 담고 있는 관계로 교사 개개인이 부딪히는 문제들을 모두 수용할 수 없는 한계를 갖고 있으며, 학교마다 제각기 다른 원격수업 형태를 지니고 있으므로 상황에 맞지 않는 경우도 있을 것입니다. 그럼에도 불구하고 이 책을 서둘러 낸 것은 학습자와 교사의 역할이 재정립되고 가속화되는 상황에서, 교사는 더 이상 기존의 '강의 중심의 수업'처럼 수동적으로 대응하기보다는 '학습자 중심의 수업'에서 '교수 설계 전문가', '학습관리 전문가'가 되어 미래 시대에 적합한 혁신의 아이콘으로 우뚝 서는 데 이 책이 조금이나마 일조하기를 희망하기 때문입니다.

🔍 이 책의 구성

이 책은 총 3부로, 1부는 '원격수업시대에 맞는 교과 수업'을, 2부는 '온라인 학급경영·생활지도, 3부는 수업에서 활용 만땅, 온라인 학습도구로 이루어져 있습니다.

1부는 주로 대면수업 중심의 교과수업 교육과정과 교수학습방법을, 원격수업시대에 적합한 교과수업으로 재구성하고 실행하는 방법을 다루었습니다. 등교수업에서 꼭 해야만 하는 부분은 등교수업으로, 온라인 학습에서 할 수 있는 것들은 쌍방향수업과 콘텐츠활용수업, 과제제시형수업으로 전환하여 블렌디드 수업 형태로 재구성하였습니다.

내용으로는 2015 개정교육과정의 국어교과에서 강조하고 있는 한 학기 한 권 읽기와 온라인 협력학습을 위한 프로젝트 학습, 패들렛을 활용한 질문이 있는 교실, 줌을 활용한 전문가 학습, 학습꾸러미를 활용한 통합교과, 디지털교과서를 활용한 과학수업, 매체를 활용한 글쓰기 수업, 3D앱을 활용한 사회과 애니메이션 수업, 만들어가는 도덕 수업으로서 랜선플리마켓 수업 사례를 넣었습니다.

2부에서는 원격수업에 대한 고민이 대부분 교과 수업에 머무르는 한계에서 벗어나 학교 교육전반으로 확장하여 학급경영과 생활지도를 담았습니다. 학급경영에서는 원격수업시대에 학급경영은 어떠해야 하는지, 사전에 준비해야 할 것들은 무엇인지에 대해 기술하였습니다. 생활지도면에서는 온라인 에티켓과 오랜 집콕 생활로 인한 우울증 등을 극복하기 위한 회복탄력성과 긍정훈육법을 다루었으며 나아가서는 디지털 미디어를 사용하면서 무분별하게 온라인 콘텐츠에 맞닥뜨리는 것에 대한 보완장치로 미디어리터러시 교육을 언급하였습니다.

3부에서는 초등학교 현장에서 가장 쉽고 편안하게 활용할 수 있는 온라인 도구들을 소개하였습니다. 쌍방향 수업으로 가장 많이 활용하고 있는 줌, 자기주도 학습용으로 적합한 디지털교과서, 협업을 위한 패들렛, 구글어스, 아트앤컬쳐, 툰타스틱, 크롬뮤직랩, OBS스튜디오, 클로바더빙, 미리캔버스, 글씨팡팡, 픽콜라쥬, 세 줄 일기, 멘티미터와 같은 다양한 온라인교육도구들을 소개하고 활용하는 방법을 소개했습니다.

이 책에서 사용되는 아이콘

이 책에서는 다양한 아이콘이 사용되었다. 온라인 도구들을 사용하면서 상징적으로 사용되는 기존의 아이콘과 자주 사용되는 아이콘들을 활용하였다. 대표적으로 사용한 아이콘들은 다음과 같다.

원격수업	등교수업	쌍방향실시간수업(줌)
콘텐츠 제시형	과제제시형	ebs방송
유튜브	디지털교과서	위두랑
페들렛	아트앤컬쳐	픽콜라쥬
미래캔버스	네이버폼	툰타스틱
글씨팡팡	잼보드	

목차

PART 01
원격수업시대에 맞는 교과 수업

PART 02
온라인 학급경영과 생활 지도

PART 03
원격 수업 도구

1

원격수업시대에 맞는 교과 수업

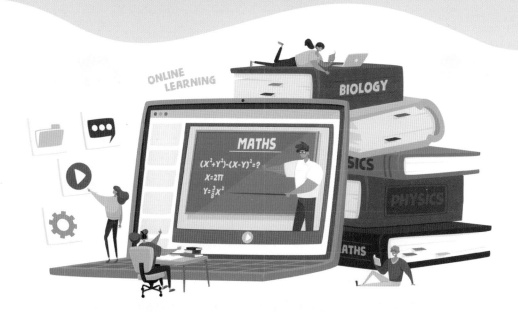

제1장 온라인으로 하는 한 학기 한 권 읽기 및 쓰담쓰담 글쓰기

'한 학기 한 권 읽기'는 그동안 학교 현장에서 매우 강조해온 독서교육 활동이다. 그러나 코로나로 원격교육을 실시하면서 도서 선정부터 질문과 토론을 통한 내용 파악과 사고 확산 등의 활동까지 학생들이 전면적으로 참여하고 공유하던 활동들이 사라지고 말았다.

이에 원격교육에서는 '한 학기 한 권 읽기'와 '쓰담쓰담 글쓰기' 활동을, 그림책을 활용한 방법과 '퀴즈 시'를 활용하여 놀이를 통한 시 쓰기 방법을 소개한다.

1 한 학기 한 권 읽기 개요

가. 한 학기 한권 읽기 개념

✎ 읽기, 생각 나누기, 표현하기

한 학기 한 권 읽기란 국어 수업시간에 글의 일부가 아닌 책 한 권을 온전히 읽는 것으로 도서를 선정하는 것에서부터 책을 읽고, 대화와 토론을 통해 내용을 파악하고 생각을 나누며 말과 글, 각종 매체를 통해 느낌이나 생각 등을 표현하는 일련의 활동을 말한다.

한 학기 한 권 읽기는 초등학생 3학년부터 고등학교 3학년까지 10년 동안 매 학기마다 배정되어 있는 지속적인 활동이다. 이같은 활동은 '비판적·창의적 사고 역량', '자료·정보 활용 역량', '의사소통 역량', '공동체·대인관계 역량', '문화 향유 역량', '자기성찰 계발 역량'을 길러준다.

다.   한 학기 한 권 읽기 지도 모형

한 학기 한 권 읽기 지도 모형은 '독서 준비 단계'와 '독서 단계', '독서 후 단계'로 나누어 볼 수 있다.

1) 독서 준비 단계

단원개관	읽을 책 정하기	읽기 전 활동

• 단원명
• 단원 학습 목표
• 단원 미리 보기
	• 도서 선정 방법 알기
	• 독서 참여 형태 정하기
	  (대집단, 소집단, 짝,
	  개별 등)
	• 읽을 책 결정하기
		• 읽기 전 활동
		  (미리 보기 전략)

독서 준비 단계에서는 독서를 하기 활동으로 도서 선정 방법이나 책 제목과 표지 그림에 대해 이야기 나누기, 독서 참여 형태 정하기, 읽을 책 선정하기, 도서 관련 배경지식 확인하기, 읽을 내용을 미리 생각해보거나 작가에 대한 탐색, 도서 관련 내용 브레인 스토밍 하기 등을 할 수 있다.

2) 독서 단계

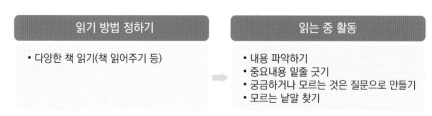

독서 단계에서는 선정된 도서를 다양한 방법으로 읽고(소리 내어 읽기, 실감나게 읽기 등), 모르는 낱말 찾아보기, 중요하다고 생각되는 부분에는 줄 긋기, 내용 중 궁금한 것 메모하기, 인물의 관계도 그리며 읽기, 등장 인물의 심리 살펴보기, 글을 읽으면서 떠오르는 질문이나 생각, 느낌 등을 찾아보는 활동을 할 수 있다.

3) 독서 후 단계

읽은 후 활동	생각 나누기	정리하기
• 책 내용 간추리기 • 주제 살펴보기 • 내 삶과 연관 지어보기	• 독서 토의/토론 하기 • 선택 1 • 선택 2	• 독서 활동 점검하기 • 더 찾아 읽기 • 독서 습관 기르기

독서 후 단계에서는 질문을 통해 책의 내용 되짚어보기, '내가 등장인물이었으면 어떻게 했을까?'에 대해 생각하기, 작가의 의도와 작품의 주제 정하기, 토론하기, 책에 나오는 내용을 내 삶이나 사회와 연결지어 생각하기, 독서 골든벨 문제 풀이, 책 만들기 등을 할 수 있다.

1) 통합 운영 측면

한 학기 한 권 읽기는 별도의 단원으로 단독 운영할 수도 있지만, 국어과의 다른 단원과 통합하여 운영할 수 있다. 또한 국어과가 아닌 다른 교과와 연계하여 주제 통합이나 소재 등을 통합하여 운영할 수도 있다.

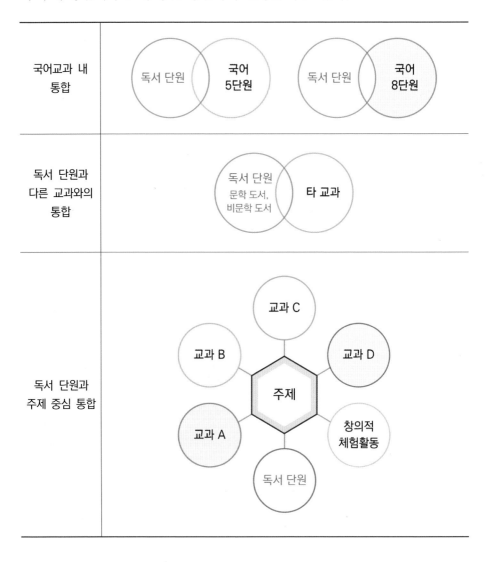

국어교과 내 통합	독서 단원 / 국어 5단원 / 독서 단원 / 국어 8단원
독서 단원과 다른 교과와의 통합	독서 단원 문학 도서, 비문학 도서 / 타 교과
독서 단원과 주제 중심 통합	교과 C / 교과 B / 교과 D / 주제 / 교과 A / 창의적 체험활동 / 독서 단원

2) 지도 시기 운영 측면

독서 단원은 보통, 국어교과서 맨 앞에 배치되어 있다. 그러나 맨 앞에 있다고 해서 처음부터 독서 단원을 지도하라는 것은 아니다. 독서 단원은 독서 단원을 단독으로 집중 운영할 수도 있지만 아래 그림과 같이 학기초나 학기중, 학기말 등 필요에 따라 교육과정을 재구성하여 시기적으로 자유롭게 운영할 수 있다.

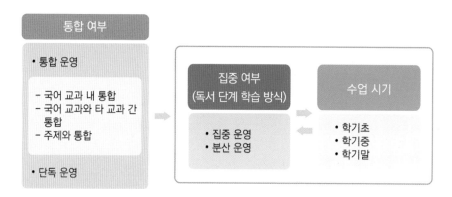

✎ 독서 단원을 3단원과 4단원 사이에서 집중 지도함

독서 단원 단독 운영 -집중 지도 방식	1단원	2단원	3단원	독서 단원	4단원	5단원	6단원	7단원	8단원	9단원
				•독서준비 •독서 •독서 후						

✎ 독서 단원을 학기 초와 2단원, 3단원 사이에 분산하여 지도함

독서 단원 단독 운영 -분산 지도 방식	독서 단원	1단원	2단원	독서 단원	3단원	4단원	5단원	6단원	7단원	8단원	9단원
	• 독서 준비 (읽을 책 정하기)			• 독서준비 (읽기 전 활동하기) • 독서 • 독서 후							

② 쓰담쓰담 협력적 글쓰기

가. 쓰담쓰담 협력적 글쓰기란

'쓰담쓰담 협력적 글쓰기'는 주어진 글이나 문제 상황에 대해 스스로 질문을 갖고, 함께 토론하고 탐색하는 과정을 통해 다양한 생각을 만나며, 자신의 생각을 글로 표현하고 함께 공유하는 단계로 이루어져 있다. 따라서 '질문'과 '생각'이 중심이 되는 협력 기반 글쓰기 모형이다.

나. 쓰담쓰담 협력적 글쓰기의 특징

▪ 읽고 토론하고 쓰는 삼위일체형으로 **범교과 활용** 가능한 글쓰기 모형
 − 함께 읽고 토론하고 쓰는 활동을 연계하여 융합·통합적 글쓰기로의 확장을 지향하며, 모든 교과에서 활용 가능한 글쓰기이다.

▪ 스스로 질문을 발견하고, 협력을 통해 생각을 키우는 **생각 중심** 글쓰기 모형
 − 학생 스스로의 '질문' 생성을 출발점으로 하여 모둠 토론을 통해 사고를 확장하고, 자신의 '생각'을 표현하는 데 중점을 두었다.

▪ 삶과 연계하여 누구나 쉽고 즐겁게 참여할 수 있는 활동을 통한 **글쓰기 일상화**
 − 글쓰기에 협력 활동을 결합하여 쉽고 즐겁게 참여할 수 있으며 소통과 참여의 장을 확대하고 글쓰기를 일상화할 수 있다.

▪ 집단지성을 통한 문제해결과 소통·공유 과정을 통한 **창의적 민주시민**으로의 성장
 − 협력을 통한 문제해결과 공유 경험을 통해 민주적 절차를 학습하고 시민의식을 함양하며, 창의적인 생각과 융합지식을 창출할 수 있다.

발견하기 (개별 활동) 스스로 질문을 발견해요!	생각 키우기 (협력 활동) 함께 토론하고 탐색해요!	생각 쓰기 (개별 활동) 생각을 글로 표현해요!	공유하기 (협력 활동) 결과물을 함께 나눠요!
• 읽고 내용 파악하기 • 개인 질문 만들기	• 모둠 질문 만들기 • 정보탐색하기 • 서울형 토론하기	• 얼개 짜기 • 글쓰기	• 돌려 읽기 • 고쳐 쓰기 • 공유하기

③ 온라인으로 하는 한 학기 한 권 읽기

　　매 학기 실시하던 한 학기 한 권 읽기는 대부분 프로젝트 학습으로 진행되었으나 원격수업시대로 접어들면서 독서 수업을 이전과 같은 방식으로 하기가 어려워졌다. 여기서는 독서 수업이, 원격시대에 적합한 형태로 진화되는 몇 가지 수업 방법을 소개한다.

1) 그림책을 활용한 가족 이해 프로젝트

　　원격수업으로 인해 가족들이 한 공간에 지속적으로 같이 있게 되면서 갈등이 야기되는 경우가 많아졌다. 그래서 가족들 개개인은 가족공동체로서 서로의 상황을 이해하고 배려하는 마음을 가져야 할 필요가 늘어났다. 이러한 문제점들을 이야기 나누고, 그것을 해결하기 위해서는 물꼬를 터갈 매개체가 필요하다. **「엄마를 화나게 하는 10가지 방법」**이라는 그림책은 이러한 상황을 풀어나가기에 적합한 그림책이다. 한 학기 한 권 읽기 단원에서 이 그림책을 활용하는 방법을 소개한다.

선정 도서	「엄마를 화나게 하는 10가지 방법」	
독서 대상	1－2학년	등교수업에서 활용	생활지도의 정리정돈에서 활용 가능
	3－4학년	온라인, 등교수업에서 가능	'친구를 괴롭히는 10가지 방법'으로 변용하여 왕따 문제 등에서 활용 가능
	5－6학년	온라인, 등교수업에서 가능	사춘기 자녀와 갱년기 엄마와의 갈등 해결에 적합

✐ 프로젝트방법: 5-6학년

단계	활동	내용 및 방법
1차시	고민 나누기	• 온라인 수업을 하면서 가족들 간의 갈등에 대해 이야기 나누기 　– 집에 있는 동안 어떠한 일들이 있는가? 　– 집에서 엄마한테 가장 많이 듣는 말은 어떤 것인가? 　– 집에 있으니 좋은 점은 무엇인가? 　– 집에 있으면서 가족들 간의 불편한 점은 무엇인가? • 설문지 조사(네이버 폼양식)-(설문 결과 표에서 설문 내용 참조)
2차시	설문 결과에 대한 이야기 나누기	 온라인 수업이 수업이 좋은가요? 가정에서 온라인 학습을 하면서 가족끼리 사이가 좋아졌나요?

단계	활동	내용 및 방법
		엄마한테 꾸중(혹은 잔소리)을 듣는 이유는 무엇때문인가? 청소를 안해.. 핸드폰을 너.. 공부를 안해.. 책을 읽지.. 형제(남매).. 늦게 자고.. 기타 청소를 안해서 4 (50%) 0 2 4 6 8 나는 지금 사춘기에 접어든다고 생각하나요? 예 아니오 예 8 (100%) 원격학습을 하는 동안 엄마에게 가장 많이 듣는 말은? 공부해 등교수업이나 빨리했으면 등교수업 빨리 핸드폰 좀 그만봐라 핸드폰 좀 그만봐 알아서 좀 공부해라 공부해라 숙제해씬·· 엄마가 화를 내시거나 짜증을 내는 이유가 무어라 생각하나요? 내가 말을 안들어서 우리가 어지러놔서 우리가 안 치워서 갱년기라서 엄마도 갱년기라서 집안일이 많아져서 늦잠 함께하는 시간이 많아서
3차시	그림책 읽고	• 「엄마를 화나게 하는 10가지 방법」 그림책 읽기

단계	활동	내용 및 방법
	이야기 나누기 **zoom**	• 그림책 이야기 읽으며 나한테 해당하는 것, 개수 세어보기 • 이야기 읽고 그밖에 엄마를 괴롭히는 방법에 대해 이야기 나누기
4차시	등교수업 또는 그림책 읽고 이야기 나누기 **zoom**	• '엄마는 왜 나한테 화를 내는가?'에 대해 이야기 나누기 (갱년기를 맞은 엄마 이해하기) • '나는 왜 엄마를 화나게 하는가?'에 대해 이야기 나누기 (올바르게 사춘기를 보내려면) • '가족공동체에서 내가 해야 할 일은 무엇인가?'에 대해 이야기 나누기
5차시	그림책 만들기	• 「엄마를 기쁘게 하는 10가지 방법」에 대한 이야기 나누기 • 「엄마를 기쁘게 하는 방법」 한 가지씩 그림 그려서 학급 카페에 올리기
6차시	등교수업 또는 그림책 읽고 이야기 나누기 **zoom**	• (사전 작업 1) 교사는 학생들이 올린 그림을 수합하여 그림책으 로 묶기 • (사전 작업 2) 학생들이 올린 그림을 수업용 ppt로 만들기 • ppt로 묶은 그림책의 그림을 살펴보며 이야기 나누기

응용 「친구를 괴롭히는 10가지 방법」

학급에서 왕따 문제가 생겼을 때 「엄마를 화나게 하는 10가지 방법」을 읽어주고, 이미 이런 책이 나왔으니 우리는 새로운 책을 만들자고 제안하면서 「친구를 화나게 하는 10가지 방법」이란 제목으로 책을 만들자고 제안하면 친구를 괴롭히는 방법들이 자연스럽게 그림으로 나온다.

교사는 이 그림들을 가지고 친구문제에 대해 이야기를 나누는 시간으로 활용하면 좋다.

2) 시집 읽기와 시 쓰기

가. 퀴즈 시

하상욱의 「서울시」에 나온 시는 매우 짧으면서도 촌철살인의 함축적인 재치가 있어서 시에 대한 부담없이 시를 읽거나 쓰기 좋은 재료가 된다. **'하상욱 따라 읽기'**에서 **'하상욱을 넘어서'**로 시를 써 나가는 과정은 다음과 같다.

준비 과정	• 교사는 '퀴즈 시' 만들 자료 수집 • 자료가 수집되면 퀴즈 시 놀이를 하기 적합하게 PPT로 만든다.  촌철살인 SNS 시인 하상욱 시모음(https://www.youtube.com/watch?v=wwyLi7G1L74)
1차시 퀴즈시 읽고 답 맞추기 zoom 하상욱을 따라서	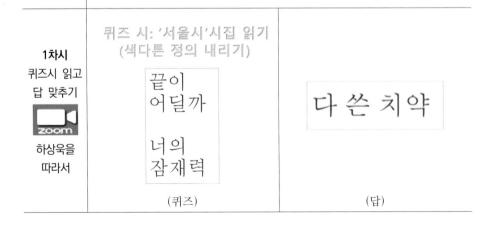

14   원격수업시대: 블렌디드 수업과 학급경영

아닌데 맞는데 (퀴즈)	쌩 얼 (답)
그 순간은 불 타올라 (퀴즈)	헬스장 등록 (답)

• '퀴즈 시' 쓰기

하상욱의 시를 퀴즈로 풀어본 후 학생들이 하상욱과 같은 기발한 시를 써 보도록 한다. 포스트잇을 활용하여 쓴 후 칠판에 붙일 수 있으나 온라인 수업에서는 패들렛을 활용하여 퀴즈시를 작성하여 올리도록 한다.

2차시
패들렛을
활용한
'퀴즈 시'
쓰기

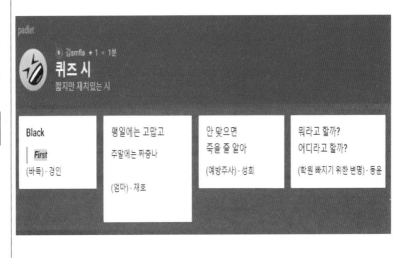

3차시 하상욱을 넘어서	• 패들렛에 올라온 친구들의 다양한 퀴즈시를 읽고 품평회 하기(동료평가) • 2차시에서 만들어진 '퀴즈 시'를 ppt에 담아 학생들과 공유하며 잘 된 점, 보충해야 할 부분에 대해 이야기를 나눈다. • 의견을 나누는 부분은 동료 평가와 피드백으로 활용할 수 있다.
	• 학생들 '퀴즈 시' 작품

뭐라고 할까?
어디라고 할까?

학원 빠지기 위한 변명

Black first

바둑

안 맞으면
죽을 줄 알아

예방주사

평일에는
고맙고

주말에는
짜증나

엄마

제2장 'ㅋㅋ(크크)미술관' 프로젝트

5학년 **5. 미술작품을 읽는 즐거움 + 9. 발상 상상의 디딤돌**

1 단원 개관

'미술작품을 읽는 즐거움' 단원은 미술작품을 감상하는 관점을 이해하고 감상 방법을 익히는 활동, 감상문을 쓰는 활동, 토론을 하여 작품을 선정하는 활동을 하며 미적 감수성을 키운다. 특히 6색 감상법을 통해 다양한 관점으로 미술 문화를 이해하는 능력을 기르며, 미술 감상을 하면서 미술 작품을 종합적으로 감상한다.

'발상, 상상의 디딤돌' 단원에서는 상상력을 키울 수 있는 발상 방법을 익히고 이를 활용하여 재미있는 상상 표현을 한다. 현실에서는 일어날 수 없는 상상 속의 장면을 발상 방법을 통해 구체적으로 발전시키고 표현하는 과정에서 자기 주도적 미술 학습 능력과 미적 감수성을 기르고 자기를 계발한다.

2 원격수업에 따른 교육과정 재구성

> **가.** 프로젝트 학습 목표

다양한 발상 방법으로 미술작품을 패러디하고 작품을 감상할 수 있다.

[6미03-03] 미술 작품의 내용(소재, 주제 등)과 형식(재료와 용구, 표현 방법, 조형 요
소와 원리 등)을 미술 용어를 활용하여 설명할 수 있다.
[6미03-04] 다양한 감상 방법(비교 또는 단독 감상, 내용 또는 형식 감상 등)을 읽고
활용할 수 있다.
[6미02-02] 다양한 발상 방법으로 아이디어를 발전시킬 수 있다.

다.   교육과정 재구성

1) 재구성 의도

'ㅋㅋ미술관' 프로젝트의 과정은 학생들이 화가의 작품을 감상하고 패러디
기법과 발상기법을 사용하여 작품을 제작해 온라인이나 교실에서 미술관을 꾸
미고 감상하는 흐름이다.

프로젝트와 관련된 배경지식이나 기능인 '미술감상법'과 '발상기법'을 학습
하고 나서 수업을 진행하는 것이 보다 적절하다. 기초지식이나 기능을 익히지
않고 진행할 경우 프로젝트 중간에 교사가 미니강의를 하거나 관련 자료를 제공
하면서 운영한다.

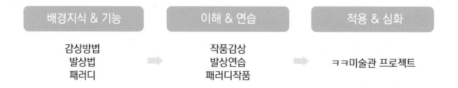

유명한 화가의 작품을 패러디 하면서 미술감상과 표현수업을 통해 유쾌한
심미적 체험을 하며 미술작품을 향유하고 흥미를 가질 수 있도록 설계하였다.

아이디어 발상단계에서 교실이나 원격에서 충분한 시간을 확보하여 교사의
피드백을 제공해준다면 학생마다 아이디어를 창의적인 작품으로 발전시킬 수
있을 것이다.

등교수업시간이 확보가 되면 작품제작의 재료를 캔버스에 아크릴이나 도화지에 크레파스와 물감으로 작업할 수도 있겠지만, 원격으로 진행할 경우 픽콜라주와 같은 온라인 도구를 사용하여 감각적인 작품을 비교적 쉽게 제작하는 방법도 가능하게 구성하였다.

2) 재구성 내용

재구성 전		재구성		
차시	차시별 학습 내용	차시	차시별 학습 내용	원격수업방법 활용 도구
9. 발상, 상상의 디딤돌	1~2 상상력을 키울 수 있는 다양한 발상 방법을 이해할 수 있다.	1	▸ 왜 프로젝트 학습인가? ▸ 프로젝트 학습과정 이해하기 ▸ 프로젝트 학습에서 학생의 역할 이해하기 ▸ 프로젝트 학습 사례 소개하기	
		2	▸ 패러디 작품 감상하기 　– 보테로의 모나리자 패러디 작품 　– 뒤샹의 수염 난 모나리자 패러디 작품 ▸ 패러디 작품 기법 이해하기 　– 패러디란 무엇인가? 　– 패러디는 표절인가 작품인가?	■ 패러디 작품제작법
		3	▸'ㅋㅋ미술관' 프로젝트 문제제시 하기 　– ㅋㅋ미술관 패러디 작품 제작 　– 미술작품 전시와 감상 기획하기 　– 작품제작방법은 도화지, 캔버스, 앱 모두 제작 가능 　– 굿즈(Goods) 제작하기	■ ㅋㅋ미술관 포스터
		4	▸ 좋아하는 화가와 작품 조사하기 　– 좋아하는 화가와 작품 조사하기 　– 친구들과 공유 및 감상하기 　– 패러디 하고 싶은 작품 선정하기 　– 패들렛에 게시하기 　– 구글 아트앤컬쳐 안내하기	■ 활동지

재구성 전		재구성		
차시	차시별 학습 내용	차시	차시별 학습 내용	원격수업방법 활용 도구
	3~4 발상 방법을 활용하여 재미있는 상상 표현을 할 수 있다.	5	▸ 조사 작품 공유하기 – 팀원들에게 작품 설명하기 – 구글 아트앤컬처 앱으로 작품 살펴보기 – 원작에 대해 팀원들과 충분히 감상하기 ＊작품 감상법은 TIPS 참고	■ 패들렛
		6－7	▸ 작품 구상하기 – 마그리트 '골콘다' 작품 예시 – 데페이즈망 발상기법 활용 – '만약 ~라면' 발상기법 활용 – 패러디 아이디어 선택하기 – 제작방법 선택하기	■ 데페이즈망 발상기법 예시 ■ 마그리트의 골콘다 작품
			▸ 작품 제작하기 – 작품 제작 방법 결정하기(사진, 앱 활용, 콜라주, 그리기 등) – 작품 제목 정하기 – 작품 설명쓰기(원작에 대한 설명과 패러디 작품제작 의도 작성하기)	■ 픽콜라주, 구글 아트앤컬처 ■ 미술도구
	5~6 어떤 장면을 상상하여 표현한 작품인지 이야기할 수 있다.	8	▸ 미술관 꾸미기 – 패들렛에 작품 전시하기 – 모둠별 작품감상법 제안하기 – 굿즈 제작(배지, 메모지, 엽서, 책갈피)	■ 굿즈
		9－10	▸ 작품 감상 및 평가하기 – 랜선 미술관 둘러보기 – 작품마다 댓글로 감상하기 ▸ 패러디 작가와의 만남 – 작품을 보고 질문지 만들기 – 팀단위로 작가와의 만남 진행하기 – 사전에 준비한 질문하기 ▸ 수업소감 및 성찰하기	■ 상호평가표

❸ 수업 흐름

1차시   원격수업 / 등교수업

학습목표	• 프로젝트의 과정을 이해한다. • 프로젝트에서 학생의 역할에 대해 이해한다.
수업자료	• 프로젝트 학습 오리엔테이션 ppt

학습 단계	학습 내용	활용도구 및 유의점

동기유발	▶ 프로젝트 수업의 필요성
	  ‑옛날 성 안에 화재가 났습니다.
	    연못 속의 물고기들은 어떻게 해야 할까요?
	  ‑왜 이사간 물고기가 살았을까요?
	  ‑4차 산업혁명 시대에 필요한 역량을
	    기르는 수업이 프로젝트입니다.
	  ‑학생이 수업의 주인이 되는 공부 방법입니다.
		■ PPT
		
		※ 연못 속의 물고기
		  이야기는 자료참고

전개	▶ 프로젝트 학습 과정소개하기
	  ‑문제 파악하기
	  ‑문제해결방안 모색하기
	  ‑정보수집 및 아이디어 구성하기
	  ‑최종결과물 제작하기
	  ‑발표 및 평가
	
	▶ 프로젝트 학습에 학생의 역할
	  ‑문제해결을 위한 계획, 실행, 발표, 평가의 과정
	    스스로 해결하기
	  ‑문제해결을 위한 정보수집하기
	  ‑최종결과물 제작하기
	  ‑발표시나리오 작성
	  ‑발표 및 평가하기
	
	▶ 프로젝트 수업 사례소개하기
	  ‑해태상의 얼룩을 제거해라
		■ PPT
		
		■ '해태상의 얼룩을 제거'
		  프로젝트 수업사례
		
		※ 수업사례는 학교 해
		  태상에 얼룩이 있는
		  것을 학생들이 조사
		  하고 제거하며 안내
		  문을 작성하는 수업

학습 단계	학습 내용	활용도구 및 유의점
정리	‣ 정리 및 차시예고 －프로젝트 학습에 대해 이해가 되었나요? －다음 시간에는 ‘ㅋㅋ미술관’ 프로젝트를 시작하겠습니다.	

 TIPS

학생 오리엔테이션 자료 프로젝트학습의 필요성

옛날에 커다란 성에 불이 났습니다. 근처 연못에 있는 물고기들이 혼란에 빠졌습니다. 이사를 갈 것인지, 남을 것인지, 여러분이라면 어떻게 할 것인가요?
어떤 물고기가 살았을까요? 연못에 남은 물고기를 선택한 사람이 많네요, 아! 물속에서는 불이 나도 안전하니까요? 살아남은 물고기는 바로, 이사를 간 물고기입니다. 왜냐하면, 옛날에는 소방시설이 없어서, 불을 끄기 위해 연못 속의 물을 바닥까지 박박 긁어서 사용했기에, 연못에 남은 물고기들이 죽었겠죠?
이렇듯, 어떤 상황에 올바른 선택과 문제해결을 하는 것을 역량이라고 하는데요. 과거에는 초등학교 때 배운 지식으로 할아버지까지 사는데 별로 지장이 없었지만, 요즘은 지구상의 지식이 2배로 늘어나는데 60일밖에 안 걸려요. 그래서 무엇을 많이 아는 것도 중요하지만, 문제상황에 맞게 정보를 수집하고, 서로 소통하고, 판단하는 능력이 중요한 시대가 왔습니다. 프로젝트 학습은 그런 능력을 길러주는 공부를 합니다

프로젝트 수업사례 : 해태상의 얼룩을 제거하라

도덕수업에 공공시설물을 내 것처럼이라는 단원이 있었습니다. 이 내용을 책으로 배울 수도 있고, 프로젝트 학습으로 진행할 수도 있는데요. 프로젝트 수업으로, 학교에 있는 해태상의 얼룩을 제거하는 문제해결을 하는 프로젝트를 진행했습니다. 학생들은 얼룩을 제거하는 방법을 찾고, 얼룩을 지우고, 학교의 시설물을 소중히 사용하자는 안내문을 작성하여 나눠주었습니다.
수업과정에서 정보를 찾고 팀원들과 소통하고, 문제를 해결하면서 교과서에서 배운 내용을 직접 실천하였던 수업이었습니다.

성취기준	• [6미03-03] 미술 작품의 내용(소재, 주제 등)과 형식(재료와 용구, 표현 방법, 조형 요소와 원리 등)을 미술 용어를 활용하여 설명할 수 있다. • [6미03-04] 다양한 감상 방법(비교 또는 단독 감상, 내용 또는 형식 감상 등)을 읽고 활용할 수 있다.
학습목표	• 패러디 작품을 감상하고 패러디 기법에 대해 이해할 수 있다. • ㅋㅋ미술관 프로젝트 문제에 대해 파악할 수 있다.
수업자료	• 유튜브 동영상, ppt, 패들렛

학습 단계	학습 내용	활용도구 및 유의점
동기유발	▶ 작품감상 ─ 모나리자 패러디 작품 감상하기 ─ 작품을 보고 질문해 봅시다 ─ 질문 중에 함께 이야기 나누고 싶은 것을 선정해볼까요? 예 보테로는 왜 모나리자를 뚱뚱하게 그렸을까요?	■ 페르난도 보테로 　모나리자 패러디 작품 ※ 질문 만들기 기법으로 질문을 만들고 이야기 나누면서 동기유발하기
배경지식 & 기능 탐구하기	▶ 패러디 작품 감상하기 ─ 수염 난 모나리자 패러디 작품 보여주기 ─ 이 작품은 어떻게 그렸을까요? ─ 패러디 작품은 표절인가, 작품인가? ─ 왜 패러디 작품인가요? ─ 이 작품은 경매에서 얼마에 팔렸을까요? ▶ 패러디 작품 기법 이해하기 ─ 패러디란 무엇인가? ─ 왜 패러디를 하는가? ─ 패러디 작품제작 방법은 무엇인가?	■ 마르셀 뒤샹의 　수염 난 모나리자 작품 ■ 패러디작품제작 (https://youtu.be/-56ql4h6fwQ) ▶

학습 단계	학습 내용	활용도구 및 유의점
프로젝트 문제 제시하기 (3차시)	▸ 'ㅋㅋ미술관' 프로젝트 문제 제시하기 　-'ㅋㅋ미술관'은 패러디 작품을 제작합니다. 　-패러디 작품을 전시하고 감상합니다. 　-패러디 작품은 재미있어야 합니다. 　-패러디 작품 속에는 전달하고자 하는 것이 있어야 합니다. 　-패러디 작품 제작은 도화지나 캔버스에 그려도 좋고 사진이나 앱을 사용해도 좋습니다 　-궁금한 것은 질문해주세요.	■ ㅋㅋ 미술관 포스터 ※ 유명한 화가의 작품을 패러디하여 작품을 제작하고 미술관을 꾸미고 친구들의 작품을 감상하는 프로젝트임을 안내한다.
	▸ 정리 및 평가 　-패러디 작품과 기법을 이해했는가? 　-미술관 프로젝트의 핵심 내용을 파악하고 있는가? 　-프로젝트 과정을 이해하고 있는가? ▸ 과제안내 　-구글 아트앤컬쳐 사이트와 앱 활용방법 안내하기	■ 자기 평가표 ※ 구글 아트앤컬쳐에서 충분히 탐색하여 과제를 수행할 수 있도록 사용법을 안내한다.
과제 제시 (4차시)	▸ 좋아하는 화가와 작품 조사하기 　-좋아하는 화가 선정하기 　-화가의 작품 설명 조사하기 　-작품 감상하기(활동지) 　-친구들에게 작품 소개하기 　-패러디하고 싶은 작품 선정	■ 구글 아트앤컬쳐 구글 아트앤컬쳐 사용 및 활용법 (https://youtu.be/my0jDlGS—4) ※ 패들렛에 작품과 설명을 공유한다.

패러디 작품 예시		
페르난도 보테로의 작품 속 인물은 풍선처럼 부풀려진 모습이 특징적이다. 빵빵한 볼륨감으로 예상을 벗어난 사람의 형태는 예상치 못한 것으로 사람들의 웃음을 제공해 준다. 넉넉한 양감은 부드러움, 여유로움, 풍성함, 즐거운 감정을 갖게 하여 대중적인 사랑을 받는 작품들이 많다. 보테로는 '예술은 삶의 힘든 것에서 잠시 벗어나게 하는 것이다'라고 했다.	1919년 뒤샹은 파리의 길거리에서 모나리자가 인쇄된 싸구려 엽서를 구입했다. 그리고, 엽서에 검정색 펜으로 수염을 그려 넣었다. 뒤샹은 과거의 전통과 권위를 무력화하는 기발하고 돌발적인 행위로 사람들을 놀라게 했다. 시대와 장르, 형식과 내용의 경계를 자유롭게 넘나든 인물이었다. 뒤샹의 모나리자 패러디 작품은 2018년 파리에서 84억 4천만원에 경매되었다.	
페르난도 보테로의 모나리자	마르셀 뒤샹의 모나리자	패러디작품 <코나리자>

패러디란 의도적 모방을 통한 작품제작 기법이다. 패러디는 단순한 모방이 아니라 작가의 독창성을 통해 새로운 가치를 만들어내는 것이다. 새로운 의미를 가지게 된다는 점에서 표절과 구분이 된다.

패러디는 대상이 되는 작품을 자세히 살펴보고 감상하는 것이 먼저이기에 작품조사와 감상과정을 꼭 거치는 것이 좋다.

수업에서는 기존의 패러디 작품을 보여주고 질문기법으로 작품을 감상하고, 원본과 비교하면서 패러디 작품 속에 숨겨진 의미를 파헤치면서 패러디에 대한 사전지식을 익히고 'ㅋㅋ미술관' 프로젝트를 시작한다.　　　(출처: https://blog.naver.com/nuctom/221927797846)

프로젝트 문제제시의 시각화	
	〈수업흐름〉 학생들이 작품을 제작한 후 패들렛을 이용하여 랜선 미술관을 만든다. 미술작품소개와 작품에 적절한 감상방법을 제시하도록 한다. 등교수업이나 실시간 쌍방향수업에서는 작가와의 만남을 통해 작품 감상을 내면화할 수 있는 경험을 갖게 한다. 작품선정 및 감상 → 패러디 작품 제작 → 랜선미술관 제작 → 작품감상 작가와의 만남 원격수업에서 프로젝트 학습의 시작은 교실수업보다 전달력과 동기부여가 쉽지 않다. 원격수업에서는 프로젝트 학습의 주제와 역할을 명확하게 전달할 수 있는 이미지화된 포스터를 제시하는 것이 효과적이다.

1~3차시   **과제 활동지**

1. 구글 아트앤컬쳐나 검색 사이트에서 관심있는 화가와 작품 둘러보기
2. 마음에 드는 작품 2~3개를 고르고 화가와 작품에 대해 조사하기
3. 작품에 맞는 다양한 감상법을 사용하여 감상해보기

화가 조사	작품 제목 및 설명

패러디하고 싶은 작품 감상하기

작품제목
작품감상 – 작품감상법 중에 선택하여 감상하고, 친구들과 함께 감상한다.

다양한 미술 감상방법

1. **6색 감상법**
    ① 6색 감상법이란 6색 사고 모자 기법을 감상법에 적용한 것으로, '빨강, 하양, 노랑, 검정, 초록, 파랑'의 사고 유형이나 감상법에 맞게 한 가지 관점의 생각을 하면서 감상하는 방법이다.
    ② 6색별 감상법
        -빨강: 작품의 첫 느낌을 이야기하기
        -하양: 보이는 사실 그대로 이야기하기, 주요색, 재료, 조형요소와 원리
        -노랑: 좋은 점, 잘 표현된 점, 조형요소와 원리
        -검정: 논리적 비판, 좋지 않은 점, 고칠 점, 조형요소와 원리 포함
        -초록: 새로운 아이디어 생성, 창의적 사고, 내가 작가라면 하고 싶은 표현

*출처: 미술과 생활 5학년 지도서

2. **수용적 감상**: 다른 사람의 의견이 들어간 작품감상을 듣거나, 작품설명서를 읽는 것
3. **비판적 감상**: 자신의 생각을 중심으로 감상하는 것
4. **비교감상**: 같은 성질의 작품을 비슷한 점이나 다른 점을 찾아 감상
5. **체험감상**: 작품과 관련된 체험이나 제작으로 작품을 더 깊게 이해하기
6. **작가와의 인터뷰**: 작가와의 만남으로 더 작품을 깊게 이해, 도록, 인터뷰 잡지
7. **연극하기**: 그림의 상황을 간단하게 대본으로 작성하여 연극으로 나타내기
8. **그림속 물건과 인물에 말풍선 달기**: 그림을 바라보는 사람의 생각을 반영한 감상
9. **제목 바꿔보기**: 그림을 본 느낌과 생각으로 제목을 지어보며 감상하기
10. **오감을 활용한 감상하기**: 보이는 것, 들리는 것, 냄새나는 것, 맛으로 표현, 촉각에서 느끼는 것을 표현하여 상상하며 감상하기
11. **질문기법 감상**: 그림을 보고 질문을 만들어서 짝, 팀, 전체 토의하며 그림 감상하기
12. 작품에 어울리는 클래식 음악이나 노래 찾고 들으면서 감상하기

5~10차시 　　　　　　　　　　　　　　　　　　　　**원격수업**

성취기준	[6미02－02] 다양한 발상 방법으로 아이디어를 발전시킬 수 있다.
학습목표	• 발상 방법을 활용하여 재미있는 상상 표현을 할 수 있다. • 패러디 작품을 제작하고 감상할 수 있다.
수업자료	• 유튜브, 구글 아트앤컬쳐 앱, 픽콜라주 앱, 미술제작도구

학습 단계	학습 내용	활용도구 및 유의점
과제 확인	▸ 조사 작품 공유하기 －관심있는 화가와 작품 조사해오기 －팀원들에게 작품 설명하기 －구글 아트앤컬쳐 앱으로 작품 살펴보기 －패러디 하고 싶은 작품 선정하기 －원작에 대해 팀원들과 충분히 감상하기 * 작품 감상법은 TIPS 참고	■ 구글 아트앤컬쳐 앱 🏛 ※ 패러디의 출발이 되는 원작에 대한 충분한 감상과 분석이 되어야 재미있는 패러디 작품이 나올 수 있다.
작품 제작하기	▸ 작품 구상하기 －마그리트 '골콘다' 작품 예시 －데페이즈망 발상기법 활용 －'만약 ~라면' 발상기법 활용 －팀원들 작품을 발상기법으로 함께 구상하기 －가장 재미있는 패러디 아이디어 선택하기 －제작방법 선택하기	■ 데페이즈망 발상기법 ※ 팀원들과 작품제작 아이디어를 피드백하면서 함께 작업한다. 작품제작은 수업상황에 따라 팀별 혹은 개인별로 진행한다.
	▸ 작품 제작하기 －작품 제작 방법 결정하기 　(사진, 앱 활용, 콜라주, 그리기 등) －작품 제목 정하기 －작품 설명쓰기 　(원작에 대한 설명과 패러디 작품제작 의도 작성하기)	■ 픽콜라주, 구글 아트앤컬쳐 🔡 ※ 작품은 작품구상에 따라 다양한 방법으로 제작할 수 있도록 하고 픽콜라주 도구 사용법을 안내한다. 시간이 부족할 경우 가정학습으로 제시한다.

학습 단계	학습 내용	활용도구 및 유의점

결과발표
준비하기
	▸ 미술관 꾸미기
	  −패들렛에 작품 전시하기
	  −패들렛에 작품 감상방법 제안하기
	  −굿즈 제작(배지, 메모지, 엽서, 책갈피)
		▪ 패들렛
		
		※ 팀별로 패들렛을 하나씩 제공하고 미술관을 꾸미고 작품감상을 하게 하면 특색있게 운영을 할 수 있다.

발표
하기
	▸ 작품 감상하기
	  −랜선 미술관 둘러보기
	  −작품마다 제안한 미술감상 댓글달기
	▸ 패러디 작가와의 만남
	  −작품을 보고 질문지 만들기
	  −팀단위로 나와 작가와의 만남
	  −간략한 작품 설명하기
	  −사전에 준비한 질문하기
		▪ 동료평가표
		※ 온라인 미술관 작품 감상은 과제로 제시할 수 있다
		※ 쌍방향 수업일 경우, 작가와의 만남은 소회의실을 열어 팀별로 준비시간을 제공한다.

정리 및 평가	▸ 수업소감 및 성찰하기 −미술관 수업 소감	

명화 패러디 작품 제작 방법

온라인 미술수업(명화 패러디편)
https://youtu.be/-56ql4h6fwQ

1. 패러디할 원작을 선택한다.
2. 패러디할 원작에 대한 충분한 감상과 분석을 한다.
3. 콜라주 형식으로 제작
4. 픽콜라주 앱으로 제작
5. 아트앤컬쳐 앱으로 작가의 작품기법으로 제작

데페이즈망 발상기법

학생들이 명화로 작품을 패러디하기 위해서는 창의적인 상상을 할 수 있도록 발상기법을 사용하도록 안내한다. 일상생활에서 흔히 볼 수 있는 물건을 전혀 다른 상황이나 환경에 옮겨 놓은 기법을 말한다. 데페이즈망은 '추방하는 것'이란 뜻이다. 초현실주의에서 쓰이는 말로, 일상적인 관계에서 사물을 추방하여 이상한 관계에 두는 것을 뜻한다. 있어서는 안 될 곳에 물건이 있는 표현을 의미한다. 그 결과 합리적인 의식을 초월한 세계가 전개된다. 데페이즈망 발상기법으로 패러디작품 아이디어를 만들어 본다. 화가의 작품 속에 중심이 되는 인물, 물건, 장소, 행동을 다양한 낱말과 조합하여 문장을 만들어 본다.(출처: 네이버 용어사전)

사물(~이/가) +	행동 +	장소	문장
북극곰	떠다닌다.	별이 빛나는 (바다)	별이 빛나는 바다에서 북극곰이 떠다닌다.
돼지가	비너스 탄생	바다	돼지가 탄생한다
산타가	선물 제공	천지창조(지구에서)	산타가 지구에서 선물을 준다.

르네 마그리트 〈골콘다〉
'골콘다'는 다이아몬드 광산이 있던 도시로 폐허가 된 지 오래되었지만, 부의 상징인 인도의 옛 도시이다. 하늘에서 내려오는 남자들은 풍요를 꿈꾸며 성실하게 살아가는 소시민들에게 바치는 마그리트의 재미있는 유머. 하늘에서 비가 내리는 대신 신사들이 소나기처럼 쏟아져 내리는 '골콘다'는 작품의 발상이 돋보이는 작품이다.

<table>
<tr><td colspan="1">

'만약에 ~라면' 발상 방법

① 원작에 중심이 되는 물건, 인물, 장소, 사건, 분위기, 표정, 행동의 낱말을 적어본다.
② 낱말을 선택해서 '만약에 ~라면'이라는 말이 들어가도록 문장을 만든다.
③ 현실에서 일어날 수 없는 일을 상상하면서 문장을 만들고 간략하게 스케치한다.
④ 친구들과 상상한 장면을 발표하고 이야기를 나누면서 발전시키다.
　예 고흐의 해바라기 –
　만약에 해바라기가 푸우였다면 꽃병에 물 대신 푸우가 좋아하는 꿀을 가득 채워야지
　예 만약에 별이 빛나는 하늘에서 꽃들이 피어난다면 하늘에서 꽃 향기가 나겠지

</td></tr>
</table>

패들렛을 활용한 랜선미술관 'ㅋㅋ미술관'

학생 참고자료: http://gg.gg/art0808(캔버스에 아크릴)

▪ 모둠 미술관

패들렛 서식은 선반 형태로 모둠별로 제작한 작품을 세로로 이어서 전시한다. 모둠별로 'ㅋㅋ미술관' 안에 재미있는 전시관 이름을 짓는 것도 특색있다.

▪ 감상방법 안내

작품감상법 중에 작품에 어울리는 감상방법을 제안한다.

▪ 작품제목과 설명

패러디 작품제목과 제작의 의도, 원작과 비교한 설명을 작성한다.

▪ 댓글로 작품 감상하기

미술관을 방문하여 친구들의 작품에 감상을 적고, 작가는 댓글에 피드백을 주면서 다양한 관점에서 감상을 구성한다. 프로젝트를 반별로 운영할 수 있고 동학년 차원에서 운영하게 되면 미술관을 방문하는 친구들이 100명 정도로 많아지게 되어 학생들은 청중을 의식하게 되고, 프로젝트에 몰입도가 높아지고 동기부여가 된다. 이러한 환경은 프로젝트의 특징인 실제성을 높이게 된다. 또한, 동학년과 함께 하면 한 학급보다 많은 작품 수의 작품을 감상할 기회를 갖게 되어 감상이 풍성하게 이루어지는 장점이 있다.

픽콜라주 앱을 활용한 작품 제작하기

출처: 픽콜라주 앱 예시 작품

픽콜라주 앱은 사진을 자르거나 붙여서 콜라주 방식으로 미술 패러디 작품을 빠르고 다양하게 작업할 수 있다. 아래 그림은 고흐의 '별이 빛나는 밤'이라는 작품을 픽콜라주로 만든 '쓰레기가 빛나는 바다의 북극곰'이라는 패러디 작품이다.

웹에서 '별이 빛나는 밤' 작품을 검색하여 바탕에 놓고, 쓰레기 사진을 잘라서 붙이고, 빙하 위를 떠다니는 북극곰 사진을 잘라서 조합하여 만들었다.

〈패러디 작품: 픽콜라주로 제작한 '쓰레기가 빛나는 바다의 북극곰'〉

* 자세한 기능은 3장의 유용한 앱을 참고하세요

구글 아트앤컬쳐 십분 활용하기
(자세한 것 3장 참조)

1. 화가들의 작품을 기가픽셀로 촬영한 고화질 사진으로 확대해도 그림이 깨지지 않고 그림의 질감이나 붓터치까지 볼 수 있음.
2. 작품감상 – 관심 화가와 작품을 조사할 때 화가별, 연도별, 색채별, 인기순으로 정렬하여 다양하게 감상할 수 있다.
3. Art Transfer – 패러디 작품을 색연필이나 싸인펜으로 그린 후, 고전 예술작품 스타일로 만들 수 있다. 잘 못 그려도 변환을 하면, 멋진 그림이 탄생한다. 미술표현에 약한 학생들에게 이 기능을 사전에 알려주고 예시를 보여주면 작품 제작을 포기하지 않고 미술수업에 참여한다. 아이디어만 좋다면 이 기능을 활용해보도록 지도한다.

2. 캔버스에 아크릴로 패러디 작품 제작하기

등교수업에서 미술시간을 확보할 수 있다면 캔버스에 아크릴 재료로 작품제작을 해보자. 아크릴은 유화의 느낌이 나면서 화가의 그림과 같은 효과가 난다. 유화와 달리 금방 마르는 장점을 가진 아크릴은 덧칠해서 그릴 수 있어서 실패에 대한 두려움이 없이 작업할 수 있다.

〈6학년 학생들 패러디 작품〉

| 쓰레기가 빛나는 바다의 북극곰 | 돼지의 탄생 | 산타창조 |

3. 굿즈 제작으로 미술관 분위기 살리기

등교수업에서 학생들의 작품으로 굿즈를 제작하고 미술작품 감상미션을 수행한 학생들에게 기념품으로 제공할 수 있다. 학생들은 자신의 미술작품이 굿즈로 재탄생하고 친구들이 자신의 굿즈를 가져가면 자부심과 성취감을 느낀다. 굿즈는 뱃지, 책갈피, 메모지, 엽서, 스티커 등을 다른 미술 단원과 연계하여 제작할 수 있다.

5~10차시　평가표, 작가와의 만남 질문지, 성찰일기

1. 자기 평가표

평가내용	평가결과
1. 작품조사 과제를 성실히 수행하였다.	5　4　3　2　1
2. 발상기법을 활용하여 창의적인 아이디어를 제안하였다.	5　4　3　2　1
3. 패러디 작품을 위한 팀 회의에 적극 참여하였다.	5　4　3　2　1
4. 패러디 작품제작에 기여하였다.	5　4　3　2　1
5. 친구들의 작품 감상 댓글에 적극 참여하였다.	5　4　3　2　1
6. 작가에게 질문할 내용을 작성하였다.	5　4　3　2　1

2. 작가와의 만남 질문지

작가와 작품 제목	궁금한 내용

3. 성찰일기

1. 프로젝트 활동을 위해 자신이 한 일을 자세히 적으시오.

2. 패러디 작품 중에 가장 기억에 남는 작품은 무엇입니까?

3. 다음에 작품을 제작한다면 개선하고 싶은 것은 무엇입니까?

4. 프로젝트 활동을 통해 새롭게 알게 된 점과 소감을 적으시오.

제3장 패들렛을 활용한 질문이 있는 교실

6학년 2학기   1. 인물의 삶을 찾아서 + 6학년 독서단원

1 단원 개관

이 단원은 학생들이 문학 작품 속에서 '인물이 추구하는 삶을 파악하고 인물의 삶과 자신의 삶을 관련짓는 활동을 하며 작품 속에 나타난 다양한 삶의 가치를 내면화하고 자신의 삶을 되돌아보는' 자기성찰 및 계발 능력을 기르게 된다.

이 단원의 활동으로 학생들은 이야기에서 인물들이 사건을 겪으면서 하는 말과 행동을 통해 인물이 추구하는 삶을 파악한다.

이 과정에서 인물의 삶과 인물이 추구하는 가치를 이해하며 작품을 읽는 능력과, 인물의 삶과 자신의 삶을 비교하며 작품을 읽고 글 내용을 요약하고 자신의 생각을 글로 표현하는 능력을 지니게 될 것이다.

이 단원의 국어과 교과 역량은 '자기 성찰·계발 역량'이다. 작품을 읽고 인물의 삶과 자신의 삶을 관련지음으로써 자신을 되돌아보고 성장하는 태도를 함양한다.

2 원격수업에 따른 교육과정 재구성

가. 재구성한 학습 목표

작품에 등장하는 인물의 삶을 이해하고, 인물의 삶과 자신의 삶을 관련지을 수 있다.

나. 단원 성취기준

[6국05-06] 작품에서 얻을 깨달음을 바탕으로 하여 바람직한 삶의 가치를 내면화하는
태도를 지닌다.
[6국02-02] 글의 구조를 고려하여 글 전체의 내용을 요약한다.
[6국05-01] 문학은 가치있는 내용을 언어로 표현하여 아름다움을 느끼게 하는 활동임
을 이해하고 문화활동을 한다.

다. 교육과정 재구성

1) 재구성 의도

이 단원의 성취기준은 작품에 등장하는 인물의 삶을 이해하고, 인물의 삶과 자신의 삶을 관련짓고 자기성찰을 통한 성장이다.

성취기준의 도달을 위한 수업 방법으로 학생들이 스스로 의미 있는 질문을 만들고 토론하는 과정에서 진정성 있는 자기성찰의 배움을 구성할 수 있도록 '질문이 있는 교실 하브루타 학습'을 선택하였다.

교과서의 예시자료인 '독립운동가 윤희순', '구멍 난 벼루', '마지막 숨바꼭질', '즐거운 이모네 집', '통통 튀는 공' 5개 중에 3개를 선정하였다. 하나의 글로 내용을 읽고 파악하고 인물의 삶을 이해하고 자기성찰을 하면서 5개를 모두 다루기에 시간이 부족하기 때문이다. 원격수업 상황에서 집중도를 높이기 위해서 본문의 길이가 긴 '구멍 난 벼루'와 동화의 일부분만 나온 '즐거운 이모네 집'은

다루지 않았다. 교사마다 본문의 선정은 다르게 할 수도 있다. 수업의 흐름은 본문 읽기, 질문 만들기, 토의하기, 성찰하기의 순서로 깊이 있는 읽기 수업이 되도록 조직하였다.

하브루타를 처음 접하는 학생들을 위해 하브루타 공부법과 질문만들기 놀이를 1차시로 구성하였다. 교과서의 텍스트 외에 「야쿠바와 사자」라는 그림동화책을 활용하였는데, 원격수업에서는 긴 글보다 짧지만 흥미있고 의미있는 텍스트를 활용하는 것이 효과적이다.

학습형태는 등교수업이나 원격수업에서 모두 적용가능하다. 전면 원격수업으로 전환할 경우 적절한 온라인 도구(zoom, 패들렛, 구글 설문지)를 활용할 수 있다.

학생들이 만든 질문으로 수업이 운영되므로 질문만들기에 대한 사전 학습이 필요하다.

2) 재구성 내용

재구성 전		재구성		
차시	차시별 학습 내용	차시	차시별 학습 내용	원격수업방법 활용 도구
국어 1. 작품 속 인물과 나	1~2. 의병장 윤희순 - 단원도입 및 단원학습 계획세우기 - 인물의 삶을 생각하며 작품읽기 - 인물의 삶과 관련 있는 삶의 가치 파악하기	1 차시 사전 학습	▸왜 하브루타 수업인가? - 영상보기 ▸질문 만들기 실습 - 질문놀이하기 -사실질문 만들기 안내 및 연습 -심화질문 만들기 안내 및 연습	■ 하브루타학습법 ■ ppt ■ 패들렛
	3~4. 구멍난 벼루 - 이야기를 읽고 내용 파악하기 및 요약하기 - 인물이 추구하는 삶 파악하기	2-3 차시	▸의병장 윤희순 - 읽고 질문 만들기 - 질문으로 토의하기 (짝, 모둠, 전체) ▸인물의 삶의 가치 찾아보기	■ 과제제시 ■ 줌수업

재구성 전		재구성		
차시	차시별 학습 내용	차시	차시별 학습 내용	원격수업방법 활용 도구
	5~6.「마지막 숨바꼭질」 -이야기를 읽고 내용 파악하기 -인물이 추구하는 삶을 파악하고 자신의 삶과 관련짓기	4-6 차시	▶「마지막 숨바꼭질」 -교과서 읽기 -질문 만들기 -소모임 토론하기 ▶이야기의 전개과정에 따른 내용 요약하기 ▶인물이 추구하는 삶의 가치와 나의 삶을 연관지어 말하기	원격수업 / 등교수업 ■ 과제제시형 과제제시형 ■ 대한민국 소방관으로 산다는 것 https://youtu.be/OB7S7JRgkjE ▶ (유튜브) ■ 패들렛 ■ 구글 설문지
	7~8.「이모의 꿈꾸는 집」 -인물이 추구하는 삶 파악하기 -인물이 추구하는 삶과 자신의 삶을 비교해 글쓰기	7-8 차시	▶「야쿠바와 사자」 -읽기 전 활동 (표지보고 질문 만들기, 내용 짐작하기) -읽기 중 활동 -읽기 후 활동 -질문 만들고 토의하기 ▶용기란 ○○이다. ▶자신의 삶과 연관지어 글쓰기	등교수업 / 원격수업 ■ 야쿠바와 사자 동화책 ■ zoom zoom ■ 패들렛
	9~10.「통통 튀는 공처럼」 -시에서 인물이 추구하는 삶 파악하기 -자신이 꿈꾸는 삶을 작품으로 표현하기 -단원정리	9-10 차시	▶「통통 튀는 공처럼」 -시를 읽고 질문 만들기 -질문으로 토의하기 -자신의 꿈과 관련된 활동하기(포스터, 명함 제작하기) -교과서 흐름대로 운영하기	원격수업 / 등교수업 ■ 미리캔버스 miri canvas

❸ 수업 흐름

1~3차시   원격수업 / 등교수업

성취기준	작품에서 얻은 깨달음을 바탕으로 하여 바람직한 삶의 가치를 내면화하는 태도를 지닌다.
학습목표	• 작품 속 인물의 삶을 살펴볼 수 있다. • 사실 질문과 심화 질문을 만들어서 토론할 수 있다.
수업자료	유튜브 동영상, ppt, 패들렛

학습 단계	학습 내용	활용도구 및 유의점
<1차시> 동기유발	▶ 말하는 공부법 　－하브루타 학습법은 무엇인가요? 　－영상 중에 가장 인상 깊은 내용은 무엇인가요? 　－이번 단원은 하브루타로 수업을 하겠습니다.	■ 하브루타학습법 https://www.youtube.com/ watch?v=2zjYrUV_rZs ▶
배경지식 탐구하기	▶ 하브루타 학습 이해하기 　－하브루타 학습법은 왜 학습효과가 높을까요? 　－기존의 학습법과 어떤 차이가 있나요? ▶ 질문놀이하기 　－질문을 만들 주제는 코로나입니다. 　－'코로나'와 관련된 질문을 3분 동안 많이 만들어봅시다. 　－질문을 칠판에 붙여주세요.	■ ppt, 타이머 ※ 질문은 등교수업에서는 칠판부착하고 원격에서는 패들렛에 공유하고 중복된 부분은 유목화하여 정리한다.
	▶ 사실 질문과 심화 질문으로 분류해보기 　－사실 질문은 무엇일까요? 　－모르는 내용에 대한 질문, 사실확인, 정답이 있는 질문, 정보에 대한 질문 　－사실 질문으로 짝과 대화합니다. 　－심화 질문은 무엇일까요? 　－여러 가지 답이 있는 질문, 상상하거나 예상해야 하는 질문, 생각을 많이 하는 질문 　－심화질문으로 짝과 토의합니다.	■ 패들렛 ※ 칠판에 적은 질문을 분류하고 마음에 드는 질문을 선택하여 질문과 대답을 해봅시다. 원격일 경우 패들렛에 작성된 댓글에 비

학습 단계	학습 내용	활용도구 및 유의점
		실시간으로 질문에 답을 하도록 안내한다.
	▶ 질문놀이 소감 －자신이 만든 질문은 무엇이고 만족하나요? －친구들이 만든 질문으로 토의하니까, 어떤 점이 좋습니까?	
<2차시> 과제 하기 (원격)	▶ 과제안내 －'의병장 윤희순' 영상 시청하기 －'의병장 윤희순'을 읽고 질문 만들기 －윤희순이 삶에서 추구한 가치와 관련있는 낱말 교과서에 표시하기 －단어에 대해 질문하기 －사실 질문과 심화 질문을 골고루 만들기 －만든 질문은 책에 적고 구글 설문지에 작성하기	■ 최고의 여성 의병장, 독립운동자 윤희순 (https://youtu.be/nzWN6lw 6A14) ▶ ※ 과제제시형 원격수업으로 사전에 질문을 만들고 수업 시간에는 토의할 수 있도록 준비한다. ■ 구글 설문지
<3차시> 등교 도입	▶ 동기유발 －다음 사람들의 공통된 점은 무엇인가요? • 의병입니다. • 나라를 구하기 위해 군인이 아닌 사람들이 자발적으로 조직한 민간군인을 말합니다. • 여성으로서 의병장 윤희순을 만나보겠습니다.	■ 의병 사진 ppt
질문 만들기	▶ 질문 만들기 －단어에 대한 질문하고 답하기 －질문 만들기 과제를 했나요? －질문 만들기 시간을 드리겠습니다. －사실 질문과 심화 질문을 골고루 만드세요.	※ 질문 만들기 과제를 해오지 않은 학생과 질문의 완성도를 높이기 위해 질문 만드는 시간을 제공한다.
짝토론	▶ 짝과 토론하기 －번갈아 가면서 질문하고 답하기 －친구의 말에 적극 경청하기 －짝과 최고의 질문 선정하기	※ 경청하기는 친구의 대답에 집중하여 듣는 것과 함께 친구의 주장을 뒷받침하는 생각이나 근거를 찾아서 보충하는 것을 포함한 적극적인 활동을 말한다.

학습 단계	학습 내용	활용도구 및 유의점
모둠 토론	‣ 모둠 토론하기 − 최고의 질문으로 토론하기 − 꼬리에 꼬리를 무는 질문과 경청하기 − 팀 최고의 질문으로 토론하기	※ 코로나 상황에서는 안전한 수업운영을 위해 마스크 착용을 철저히 하고 일정한 거리를 유지하면서 짝 활동과 모둠활동을 진행한다. zoom
정리하기	‣ 윤희순의 삶과 관련 있는 가치 찾아보기 − 윤희순이 추구한 삶의 가치 찾기 − 짝에서 설명하기	※ 교과서 39쪽의 정리하기를 활용한다.

하브루타 공부법
(https://www.youtube.com/watch?v=2zjYrUV_rZs) EBS

하브루타 학습법 영상은 짝과 말하는 공부법의 효과를 실험한다. 혼자서 공부한 팀과 짝과 토론하며 공부한 팀의 시험결과를 분석한 결과, 월등하게 높은 결과를 가져온다. 말하기 공부법은 자신이 아는 것과 모르는 것을 성찰하는 메타인지를 발휘하게 된다. 메타인지는 설명하면서 개발된다. 학습방법 대비 학습효과를 나타낸 학습피라미드를 학생들에게 강조하여 학습효과가 가장 높은 '친구 가르치기'가 바로 하브루타 학습임을 강조한다.

질문 만들기 ppt

■ **사실질문이란?**
- 내용을 확인하는 질문
- 모르는 내용이나 낱말을 묻는 질문
- 내용에 답이 있는 질문

■ **심화질문이란?**
- 여러 개의 답이 있는 질문
- 상상해서 대답하는 질문
- 적용하는 질문(만일~)
- 정답이 없고 각자의 생각이나 느낌을 말하는 질문

■ **질문 만들기**

하브루타에서 질문 만들기는 매우 중요하다. 수업의 출발점이기 때문이다. 하지만 질문 만들기는 쉽지 않다. 평소에 학생들이 질문을 만들어 본 적이 없기 때문이다. 질문놀이를 통해 질문을 최대한 많이 만들어본다. 사실 질문과 생각 질문이 무엇이고 어떻게 만드는지 안내한다.

■ **경청하기 심화 // 지지하기 // 반박하기**

하브루타에서 경청하기는 입반적인 경청과는 다른 접근을 한다. 자기소멸적인 태도는 짝이 말하는 내용에 대해 아무런 비판 없이 무조건 수용하는 것이고, 자아도취적 태도는 자신의 해석을 수정하지 않고 선입견을 고집하는 태도이다. 경청하기는 짝의 의견을 진심으로 수용하고 들은 내용을 스스로 지속적으로 점검하는 것이다. 그리고 짝의 대답에 동의할 경우, 짝의 의견을 보충할 수 있는 교과서의 내용이나 자신의 생각을 보태어 이야기하는 의식적인 경청을 포함한다.

지지하기는 해석을 더욱 설득력있게 완성하도록 도와주고, 대인관계 역량을 강화하는 긍정적 영향을 준다. 지지하기는 이야기의 추가적인 증거를 찾아 짝의 이야기를 최대한 강력하게 뒷받침하는 것을 의미한다. 하브루타에서 질문하고 토의하기 과정은 이기고 지는 경쟁이 아니라 서로의 성장을 돕고 지원해주는 과정임을 안내한다.

*출처: 하브루타란 무엇인가?

성취기준	• [6국05-06] 작품에서 얻을 깨달음을 바탕으로 하여 바람직한 삶의 가치를 내면화하는 태도를 지닌다. • [6국02-02] 글의 구조를 고려하여 글 전체의 내용을 요약한다.
학습목표	작품을 읽고 인물이 추구하는 삶을 파악할 수 있다.
수업자료	유튜브, 온라인 클래스, ppt 녹화

학습 단계	학습 내용	활용도구 및 유의점
<4차시> 과제제시 원격	▶ 과제 안내 – 제목이 왜 마지막 숨바꼭질일까요? – 마지막 숨바꼭질을 읽고 질문을 만들어 교과서 아래에 적어봅시다. – 사실질문과 심화질문을 골고루 만듭니다. – 인물의 말이나 행동을 자세히 살펴보면 질문을 만들기 쉽습니다. ▶ 이야기 구조에 맞게 내용을 간추려 봅시다(교과서 60쪽)	■ 온라인 클래스, 교과서 60쪽 ※ 과제는 온라인 클래스에 안내 ※ 교과서에 내용확인 질문이 있는데, 중복되지 않은 질문을 만들도록 안내합니다. ※ 질문 만들기 한 것은 패들렛에 올리기 ■ 패들렛
<5차시> 토론 등교	▶ 동기유발 – '대한민국 소방관으로 산다는 것' 영상 시청 – 가장 인상적인 내용은 무엇입니까? – 소방관으로 산다는 것은 어떤 마음이 있어야 할까요? – 소방관이 된 인물의 이야기를 만나봅시다.	※ 대한민국 소방관으로 산다는 것은(EBS – 지식채널e) (https://youtu.be/OB7S7JRgkjE)
	▶ 내용 요약 확인 – 이야기의 전개 과정 복습하기 – 발단, 전개, 절정, 결말의 내용 알아보기 – 내용 요약은 팀별로 릴레이 말하기로 확인하기	■ 교과서 ※ 이야기 전개과정은 1학기에 배웠지만 간략하게 복습하고 요약하도록 준비한다.

학습 단계	학습 내용	활용도구 및 유의점
	▶ 짝 토론하기 　－사실 질문 주고 받기 　－심화 질문으로 토론하기 　－논쟁 거리로 토론하기	※ 학생들이 질문 만들기를 어려 　워하면 사실 질문과 심화 질문 　을 발표한 후, 칠판에 한꺼번 　에 적어놓고 참고할 수 있도록 　환경을 조성한다.
	▶ 팀 토론하기 　－최고의 질문 정하고 토론하기 　－다른 팀의 질문으로 토론하기 ▶ 전체 토론하기 　－어려운 일을 겪고 날 때마다 사람들 　은 성장하는가? 더 나빠지는가? 　－소방관은 꼭 목숨을 걸고 사람을 구 　해야 하는가? ▶ 자기평가 및 상호평가	■ 평가표(활동지 참고) ※ 인물의 삶의 가치가 포함된 질 　문을 선정하여 모둠토론과 전 　체토론에서 다룬다. ※ 토론시간이 부족할 경우, 토론 　내용을 바탕으로 글쓰기 과제 　를 통해 정리한다.
<6차시> 과제제시 (원격)	▶ 자신의 삶과 관련된 글쓰기(예시) 　－3개의 주제 중에 한 가지 선택하여 　글쓰기 　① 다른 사람을 위해 봉사를 해야 　　하는가? 　② 어려운 일을 겪고 나면 사람은 　　성숙해지는가? 　③ 나는 어른이 돼서 어떤 가치있 　　는 일을 하고 싶은가? ▶ 인물의 삶의 가치 정리하기 　－교과서 61쪽, 62쪽 해결하기	■ 글쓰기 활동지 ※ 하브루타는 학생들의 질문으 　로 수업이 운영되지만, 수업목 　표를 도달하기 위한 핵심적인 　질문이 나오지 않을 경우도 있 　으므로 교사는 사전에 핵심적 　인 질문을 준비하여 정리단계 　나 실천단계에서 제시한다.
평가 및 피드백	▶ 수업 소감 및 자기평가표 　－질문 만들기 과제를 했는가? 　－토론에 적극 참여하였는가? 　－친구들의 의견을 경청하였는가? 　－인물의 삶의 가치에 대해 이해하고 　있는가? 　－자신의 삶과 관련지어 글쓰기를 했 　는가?	■ 구글설문지 ※ 이번 수업에서 과정 중심평가 　는 교사의 관찰, 자기평가, 동 　료평가, 결과물 평가로 운영 　한다.

대한민국에서 소방관으로 산다는 것 EBS 지식채널e	
	마지막 숨바꼭질의 주인공 직업은 소방관이다. 주인공은 어릴 적 화재로 죽은 동생을 생각하며 소방관이 되었고, 한 생명이라도 더 살리기 위해 죽음을 무릅쓰고 일한다. 인물의 삶을 엿볼 수 있는 영상으로 동기유발자료로 활용하기에 적절하다.

1. 자기평가표

1. 마지막 숨바꼭질 질문 만들기 과제를 했나요?	잘함, 보통, 노력요함
2. 토론에 적극 참여하였나요?	잘함, 보통, 노력요함
3. 친구들의 의견을 경청하였나요?	잘함, 보통, 노력요함
4. 소방관이 추구하는 삶의 가치를 이해하였나요?	잘함, 보통, 노력요함
5. 자신의 삶과 관련지어 글쓰기를 했나요?	잘함, 보통, 노력요함

2. 자신의 삶과 관련지어 글쓰기

〈글쓰기 주제 예시〉
1. 다른 사람을 위해 봉사를 해야 하는가? 2. 어려운 일을 겪고 나면 사람은 성숙해지는가? 3. 나는 어른이 돼서 어떤 가치있는 일을 하고 싶은가?

7~8차시	원격수업(1차시), 등교수업(1차시)

성취기준	• [6국05-06] 작품에서 얻을 깨달음을 바탕으로 하여 바람직한 삶의 가치를 내면화하는 태도를 지닌다. • [6국05-01] 문학은 가치있는 내용을 언어로 표현하여 아름다움을 느끼게 하는 활동임을 이해하고 문학활동을 한다.
학습목표	• 작품을 읽고 인물이 추구하는 삶을 파악할 수 있다.
수업자료	• 동화책(야쿠바와 사자-용기), 온라인 클래스, ppt녹화

학습 단계	학습 내용	활용도구 및 유의점
(7차시) 원격	▸ 읽기 전 활동 - 표지의 그림을 보고 질문을 만들어보세요. - 어느 나라 사람인가요? - 창과 방패를 들고 있는 걸 보니 전쟁이야기인가요? - 야쿠바가 주인공인가요? - 사자를 잡는 이야기인가요? - 어린아이가 왜 창을 들고 있나요? ▸ 읽기 중 활동 - 야쿠바의 부족에서 전사가 되기 위해서는 무엇을 해야 하나요? - 야쿠바가 숲 속에 들어가기 전에 마음은 어떠했을까요? - 야쿠바가 사자를 만났을 때 어떤 생각이 들었을까요? - 사자가 야쿠바에게 두 가지 선택을 제안했는데, 나라면 어떤 선택을 했을까요? - 야쿠바는 어떤 선택을 했을까요? - 야쿠바의 친구들은 전사가 되었습니다. 야쿠바의 친구라면 야쿠바에게 어떤 말을 건넸을까요? ▸ 토론거리를 만들기 - 동화를 읽고 친구들과 토론해보고 싶은 토	■ 동화책 「야쿠바와 사자」 ※ 실시간 원격수업으로 진행할 경우, 실물화상기로 동화책을 보여주면서 진행한다. zoom ※ '질문중심 하브루타'로 진행하며 질문만들기와 토론을 통해 인물의 삶을 깊이 있게 이해하도록 운영한다. ■ 토론거리는 패들렛에 작성

학습 단계	학습 내용	활용도구 및 유의점
	론주제 만들기 －패들렛에 올리기 ▸ 다음 시간에는 여러분이 제안한 주제로 토론을 하겠습니다.	
(8차시) 논쟁중심 하브루타 등교	▸ 전시학습 상기하기 －야쿠바와 사자 내용 요약하기 －발단, 전개, 절정, 결말로 나누어 흐름정리하기	■ 야쿠바와 사자 주요 장면 사진 ※ 그림을 섞어놓고 순서대로 맞추면서 내용을 요약한다.
	▸ 토론거리 확인하기 －패들렛에 올린 토론거리 중에 토론하고 싶은 것에 표시하기 －토론방법 안내하기 －논쟁 중심 하브루타, 서울형 토론 모형	■ 토론거리 자료 ※ 학생들이 올린 패들렛의 토론거리를 한 눈에 볼 수 있도록 정리하여 토론거리를 선택할 수 있도록 한다. ※ 하브루타 대신 서울형 토론 모형으로 진행할 수 있다.
	▸ 토론하기 －짝과 토론하고 논쟁하기 －모둠에서 토론할 주제 선정하기 －모둠에서 논쟁하기 －모둠 토론내용 발표하기	※ 짝과의 논쟁은 서로 한 가지씩 제안하여 토론한다. ※ 교사는 논쟁거리가 될 만한 주제를 제안하여 짝토론, 모둠토론을 추가로 진행할 수 있다.
	▸ 용기 가치 사전 만들기 －야쿠바가 추구하는 삶의 가치가 드러난 장면 찾아보기 －야쿠바에게 용기란 OO이다. －나에게 용기란 OO이다 －용기 가치 사전 발표하기	■ 가치 사전 미니 북 ※ 자신의 경험을 바탕으로 용기 가치 사전을 만들면서 인물의 삶의 가치를 내면화한다.
평가 및 피드백	▸ 평가관점 －질문 만들기 과제를 했는가? －토론에 적극 참여했는가? －용기 가치사전을 완성했는가? －야쿠바의 삶의 가치에 대해 이해하고 있는가?	※ 이번 수업에서 과정 중심평가는 교사의 관찰, 자기평가, 동료평가, 결과물 평가로 운영한다.

〈야쿠바와 사자〉 저자 티에리 드되 / 길벗 어린이

소년과 사자를 주인공으로 한 이야기를 통해, 깊이 있는 삶의 질문들을 던지는 그림책이다. 모두가 잘 알고 있다고 생각하는 '용기'라는 단어에 대해 구체적인 상황 속에서 그 뜻과 가치를 다시금 생각하도록 한다. 작가는 서로의 목숨을 걸고 맞서는 소년과 사자 이야기라는 긴박한 내용과 어울리게, 검은 아크릴 물감을 묻힌 큰 붓으로 야쿠바와 키부에의 모습을 긴장감 있게 그려냈다.

아프리카 어느 작은 마을, 북소리와 함께 전사가 될 소년을 가려내는 축제가 열린다. 전사가 되기 위해서는 용감하게 사자와 홀로 맞서야 하는 용기가 필요하다. 사자에게 창을 꽂아 뛰어난 남자로 인정받는 전사가 될 것인지, 사자의 목숨을 살려 주고 용기없는 남자가 되어 따돌림을 받을 것인지, 야쿠바는 일생일대 중요한 선택을 마주하게 되는데…. <길벗 출판사 책 소개글>

야쿠바와 사자의 토론거리(예시)

- 왜 이 부족은 사자를 죽여야만 전사가 되는가?
- 아이가 혼자 사자를 잡으러 가면 위험할 수도 있지 않은가?
- 밀림의 왕 사자는 왜 자신의 상태를 말하고 선택하라고 말했을까?
- 야쿠바는 전사가 되는 것을 왜 포기했을까?
- 야쿠바는 정정당당하게 사자를 죽이고 싶었다면, 다음 기회를 달라고 하지 않았나?
- 만일 야쿠바가 아프지 않은 사자를 만났으면 어떻게 했을까?
- 야쿠바가 생각한 진정한 용기는 무엇이었을까?
- 사자를 죽이는 것과 죽이지 않는 것 어떤 것이 더 쉬웠을까요?
- 싸늘한 눈길, 전사가 안되고 따돌림받을 줄을 알면서도 사자를 죽이지 않을 수 있을까?
- 쉽게 얻을 수 있는 명예를 뿌리치는 용기란 어떤 것일까?
- 다친 사자를 죽였다고 해서 고귀한 어른이 아닌가?
- 죽이는 용기와 죽이지 않는 용기는 어떤 것인가?
- 다른 사람이 인정한 것이 용기인가? 자신이 인정한 것이 용기인가?
- 야쿠바가 정상적인 사자를 만났을 때 죽이는 것은 용기인가?
- 스스로 떳떳함을 지키기 위해 다수의 사람과 다른 길을 택할 수 있는가?

제4장　소그룹회의를 활용한 전문가 학습

3학년 2학기 사회　2. 시대마다 다른 삶의 모습

1 단원 개요

이 단원의 주요 개념은 시대에 따라 생활모습이 변화한다는 것을 파악하는 것이다. 첫 번째 주제에서는 옛날 사람들이 사용했던 도구와 집, 두 번째 주제에서는 세시풍속을 중심 내용으로 하고 있다. 즉, 생활도구와 집의 모습, 세시풍속을 중심으로 옛날과 오늘날 고장 사람들의 생활 모습을 탐색하여 시대에 따라 생활 모습이 변화한다는 점을 파악하는 것을 주안점으로 하였다.

2 원격수업에 따른 교육과정 재구성

> **가.**　단원 목표

이 단원의 목표는 지식면에서 '옛날의 도구와 집을 통해 그 당시 사람들의 생활모습을 설명하고 세시풍속의 의미와 우리나라의 세시풍속을 설명하는 것'이다. 기능 목표는 '당시 사람들의 생활모습을 추론하기, 세시풍속을 비교하여 공통점과 차이점을 파악하기'다. 가치·태도 면에서의 목표는 '당시 사람들의 생활모습을 존중하기, 세시풍속을 통해 전통문화에 대한 자부심 갖기'다.

단원 성취기준

[4사02-03] 옛 사람들의 생활도구나 주거형태를 알아보고, 오늘날의 생활 모습과 비교
하여 그 변화상황을 탐색한다.
[4사02-04] 옛날의 세시풍속을 알아보고, 오늘날의 변화상을 탐색하여 공통점과 차이
점을 분석한다.

다. **교육과정 재구성**

1) 재구성 의도

　가) 사회과의 핵심 개념과 관련된 지식을 충분하게 학습할 수 있도록 한다.
디지털교과서는 학생들이 공통적으로 접근할 수 있는 교재이며, 사진,
텍스트, 동영상, AR, VR 등을 통해 다양한 사회과의 핵심 개념과 지식
을 제공한다. 또한 형성평가에서 학생이 클릭을 할 경우 즉각적인 피드
백을 제공함으로써 자기 주도적으로 흥미롭게 학습할 수 있다. 수업 전
미리 디지털교과서를 통해 학습을 하도록 함으로써 본시 학습에서 사
회과의 핵심 개념과 관련된 지식을 탄탄히 학습할 수 있도록 하였다.

　나) 사회과 교과역량(정보 활용 능력, 창의적 사고력) 함양을 위하여 스스
로 정보 기기를 활용하여 자료를 조사하고 탐구할 수 있도록 하였다.

　다) 역사적 상상력을 발휘할 수 있도록 현대의 상황을 토대로 학생에게 질
문을 하여 답을 찾도록 하거나 학생 스스로 질문을 만들고 답을 찾도록
한다.

　라) 시대마다 다른 삶의 모습을 나타내는 스토리텔링에 학생이 모두 참여
하여 단원 전체를 한 편의 만화(또는 연극)로 탄생시킨다.

2) 재구성 내용

• 3학년 2학기 사회 단원 2. 시대마다 다른 삶의 모습

재구성 전				재구성 후		원격수업 방법
주제	주요 내용	차시	차시별 학습 내용	차시	차시별 학습 내용	
단원 도입	단원 학습 내용 개관	1	단원 학습 내용 예상하기	1	• 디지털교과서로 단원 학습내용을 살펴보며 가장 궁금한 점 또는 자세히 알아보고 싶은 내용을 패들렛에 적기 • 공감하는 질문에 '좋아요' 또는 '별' 표시로 반응 나타내기 • 친구들의 궁금증을 해결할 수 있는 방법에 대하여 이야기 나누기 • 모둠별 이야기 꾸미기 안내 　−주제: 과거로 여행 떠나기, 여러 가지 도구의 변화, 의식주 변화 　−주인공 정하기: 학생 선택 활동 　−사건: 사회 2단원 공부하며 만들기	■ 디지털 교과서 ■ 줌수업
❶ 옛날과 오늘날의 생활 모습	옛날과 달라진 오늘날의 생활 모습 알아보기	2	자연에서 얻은 도구를 사용하던 옛날의 생활 모습 알아보기	2	• 자연의 도구로 살아가는 모습 • 도구란 무엇인가? 　− T: (수저 없는 밥상 사진 제시) 식사를 위해 필요한 것은 무엇인가? 　− T: 도구는 언제, 어떤 경우에 필요한가? 　− T: (자연의 도구로 살아가는 모습 사진) 자연에서 도구로 사용할 수 있는 것은 무엇무엇이 있었을까? • 모둠토의를 통해 생각한 것을 모두 적어보기 　− S: 1모둠부터 발표, 이후의 모둠은 앞의 모둠에서 발표한 것을 제외하고 발표함	■ 줌수업

재구성 전				재구성 후		원격수업 방법
주제	주요 내용	차시	차시별 학습 내용	차시	차시별 학습 내용	
		3	새로운 도구를 만들어 사용하던 옛날의 생활 모습 알아보기	3	• 청동과 철의 등장 − 돌로 만든 커다랗고 무거운 도구로 땅 갈기와 가볍고 단단한 철로 만든 도구로 땅갈기 비교하기: 패들렛에 의견 올리기 − 도구가 달라지면 생활에 어떤 변화가 올까?: 소그룹회의	■ 줌수업 zoom
		4	농사 도구의 변화로 달라진 사람들의 생활모습 알아보기	4	• 농사 도구 변화 − 땅갈기에 필요한 도구, 수확에 필요한 도구 알아보기 − 농사 도구의 변화를 비주얼싱킹으로 표현하기 − 비주얼싱킹 사진을 패들렛에 올리기	■ 과제 제시형 과제제시형
		5	음식과 옷을 만드는 도구의 변화로 달라진 사람들의 생활 모습 알아보기	5	• 음식과 옷 만드는 도구 변화 − 농사 도구의 변화를 비주얼싱킹으로 표현하기 − 비주얼싱킹 사진을 패들렛에 올리기	■ 과제 제시형 과제제시형
		6	사람들이 사는 집의 모습 변화 알아보기	6	• 집의 변화 전문가 학습	■ 과제 제시형 → 줌수업 과제제시형 ▼ zoom
		7	집의 변화로 달라진 사람들의 생활 모습 알아보기	7	• 모둠별 이야기 꾸미기 − 과거로 체험학습 떠나기 − 집의 변화에 따라 달라진 사람들의 생활 모습을 이야기로 꾸미기	■ 줌수업 zoom

❸ 교수·학습 과정안

단원명	2. 시대마다 다른 삶의 모습		학년	3	교과	사회
성취 기준	[4사02-03] 옛 사람들의 생활도구나 주거형태를 알아보고, 오늘날의 생활 모습과 비교하여 그 변화 상황을 탐색한다.		차시		6/15 사회 66-69	
학습목표	사람들이 사는 집의 모습이 어떻게 변화했는지 설명할 수 있다.		준비물	• 학생: 디지털교과서 사전학습활동지 • 교사: 패들렛, 구글 프레젠테이션		
원격 수업 유형	■ 실시간 쌍방향 수업 ■ 콘텐츠 활용 수업 – 디지털교과서		활용 플랫폼	zoom		

수업 전략

사전
과제
제시
 	
(수업 전)
	[생각을 이끌어 내는 사전 과제 학습]
	
	1. 집의 필요성을 느끼는 상황 제시
	  [질문] 이들 가족에게 곧 닥칠 일은 무엇일까? 이들에게 필요한 것은 무엇인가?
	  ☞ 패들렛에 자신의 의견 쓰기  출처: 영화 '크루즈패밀리'
	  ▶ 먹을 것을 찾아 새로운 곳으로 막 이동해온 원시인 가족, 동물 가죽, 또는 나뭇잎 옷을 입고 동굴 앞 큰 나무에서 열매를 따고 있음. 먹구름과 비바람이 몰아치기 시작하는 날씨에 공룡이 멀리서 다가오고 있음. "끽끽" 가까이에서 들려오는 공룡 소리에 놀란 가족들
	
	2. 집 전문가 되기 과제 학습
	  가. 주제: 동굴, 움집, 귀틀집, 기와집 탐구하기
	  나. 방법:
	    1) 네 가지 종류의 집 사진을 보며 한 가지 선택하기(학생선택활동)

	    가 나 다 라
	    2) 선택한 집에 대하여 조사하기
	      <사전 학습지 – 내가 고른 집 탐구>에 조사한 내용을 기록함

전문가 학습 (수업 중)	[환경과 인간생활 개념 형성을 위한 전문가 학습]
	
	1. 전문가 회의: 사전 과제별로 전문가 모여 학습
	   (1) 동굴 (2) 기와집 (3) 귀틀집 (4) 움집
	
	2. 모둠 활동
	  가. 전문 분야별 발표하기(돌아가며 말하기)
	  나. 모둠토의: 집의 모습은 어떻게 변화 해 왔을지 순서대로 쓰고 그 이유를 생각하여 돌아가며 말하도록 함. 집의 재료와 모양, 크기, 위치 등을 살펴보고 상상력을 발휘하도록 함
	
	3. 전체 활동: 모둠별 활동 결과를 발표

나. 교수·학습과정안

1) 들어가기

교수·학습 활동	🎴: 자료 🔖: 유의점
◉ 퀴즈 (여러 가지 집 사진을 보여주며) 이 사진들의 공통점은 무엇일까?	🎴 교사: 사진(자연인의 집, 새집, 개집, 개미집, 텐트, 움집, 귀틀집, 아파트, 궁궐 등)
◉ 과제 확인 1. 패들렛의 답변 확인: 출처: 영화 '크루즈패밀리' [질문] 이 가족에게 필요한 것은 무엇인가?	🎴 사전에 제시한 패들렛 결과 화면 🔖 패들렛의 다양한 답을 존중함. 이 중 오늘의 수업과 관련된 답변들을 찾아 안내함

TIPS

1. 집은 사람들이 살아가기 위한 터전으로서 중요하다는 점을 상기시킨다.
2. 수업의 시작 부분에서 학생이 적극적으로 참여할 수 있도록 한다. 패들렛에 적어 제출한 학생들의 다양한 답변을 허용적으로 받아들이고 칭찬을 아끼지 않음으로써, 오늘의 수업에 자발적으로 참여할 수 있도록 한다.

2) 학습문제 제시

"사람들이 사는 집의 모습은 어떻게 변화했을까?"

3) 전문가 회의

교수·학습 활동	㉄: 자료 ㉴: 유의점
◎ 집 전문가 회의(15') ○ 전문가 집단 회의 − 각 모둠에서 같은 종류의 집을 조사 한 학생들끼리 모이기	■ ZOOM: 소회의실 열기 학급의 인원이 6개모둠×4명＝총 24명일 경우 전문가 각 팀은 6명으로 구성 ㉄ 학생: 사전활동지
− 전문가 모둠 구성 <table><tr><td>가. (동굴집 전문가)</td><td>나. (기와집 전문가)</td></tr><tr><td>다. (귀틀집 전문가)</td><td>라. (움집 전문가)</td></tr></table>	㉴ 화면공유 기능을 모든 참가자에게 열어 두기
− 소그룹 회의실로 이동 후 ① 팀별 진행자 선정: 팀원들끼리 협의하여 결정하기 ② 팀별 발표 규칙 확인: 돌아가며 말하기 ③ 팀별 회의 시간 확인: 회의 시간을 미리 확인하여 시간을 효율적으로 활용하도록 함 ④ 각자 준비한 자료(사전 학습지)를 보며 모둠 친구들과 이야기 나누기, 질문하기, 비교 확인하기	㉴ ZOOM: 브로드캐스트 교사는 브로드캐스트를 통해 중요 사항을 알림 "사회자를 뽑으세요." "발표 규칙을 정하세요." "회의 시간은 10분입니다." ㉄ 학생: −사전활동지 ㉴ 교사는 소그룹을 돌며 활동 상황을 관찰하며 전문가 회의 내용을 검토한다.

1. 전문가 학습을 위해 학생들은 수업 전에 과제를 철저히 수행해야 한다. 미리 충분한 시간을 두고 과제를 제시하고, 온라인 학습방에서 과제수행 여부를 점검해둔다. 전문가로서의 역할에 어려움을 느낄 수 있는 학생을 사전에 파악하고 과제에 대한 피드백을 실시해야 한다.
2. 소그룹 회의: 소그룹 회의실로 이동 후 소그룹의 회의를 진행할 사회자를 먼저 뽑도록 한다. 교사가 소그룹 회의에 동시에 참여할 수 없으므로 사회자가 모둠을 이끄는 역할을 한다.
3. 전문가 학습에서 모둠별 활동 상황을 살펴본 후 시간이 부족하면 시간을 연장하여 학습이 충분히 일어나도록 한다. 전문가 학습이 끝난 후 이어지는 모둠학습이 원활히 이루어져야 하기 때문이다. 모둠학습은 새로운 소그룹을 배정해야 하므로 학생들이 기다리는 시간이 발생한다. 시간을 융통적으로 활용하여 모둠학습을 다음 차시에 실시할 수도 있다.

4) 모둠회의

교수·학습 활동	⊛: 자료 ㊀: 유의점
◎ 모둠회의(15ʹ) ○ 새로운 모둠에서 전문가 활동하기 〈모둠 구성 예시〉 | 동굴집 전문가(1명)	기와집 전문가(1명)
귀틀집 전문가(1명)	움집 전문가(1명) | – 모둠별 사회자 선정 – 모둠별 발표규칙 확인: 돌아가며 말하기 ○ 자신이 탐구한 집에 대하여 돌아가며 설명하기 ○ 전문가의 설명을 듣고 질문하기 – 예 동굴 앞에 사람이 무기를 들고 서 있는 이유는? 오늘날에는 이 문제를 어떻게 해결했나?	■ ZOOM: 소회의실 ⊛ 학생: 사전활동지 　교사: 구글 프레젠테이션 채팅창을 통해 전체에게 공유 ■ 전체 학생이 하나의 구글프레젠테이션 파일에 들어가 읽기와 쓰기가 가능함 ■ ZOOM: 브로드캐스트 "사회자를 뽑으세요." "발표 규칙을 정하세요." "회의 시간은 10분입니다." ㊀ 돌아가며 말하기 활동 시 각 학생의 1인당 발표 시간을 제한할 수 있음 ㊀ 교사가 공유기능을 모든 참가자에게 열어 둔 경우, 소그룹 안에서 학생들끼리 화면을 공유할 수 있음

 TIPS

1. 모둠회의를 학교놀이로~

    모둠회의를 놀이로 바꾸어 선생님과 학생 역할을 하면 더욱 흥미롭게 참여하게 된다.

2. 구글 프레젠테이션에 글자를 적게 되면 시간이 많이 소요된다. 프레젠테이션은 사진
    과 질문을 확인하는 용도로 활용한다.

5) 확인학습(전체학습)

교수·학습 활동	㪍: 자료 㪔: 유의점

◎ 집이 변화한 순서 추측하기
 ○ 집의 변화 순서
  – 다음 집들은 어떤 순서로 변화했을까?
  동굴 – 움집 – 귀틀집 – 기와집
 ○ 집의 변화 순서 추측 이유
  – 집의 변화 순서를 그렇게 생각하는
  이유는 무엇인가?
	㪍 교사: ▢ 구글 프레젠테이션
	
	㪔 집의 변화 순서보다는 이유를 많이 생각
	하여 발표하기

○ 집의 특징 – 집에 대한 알맞은 설명 연결하기 "이 집의 이름이 무엇이라고 생각하나요? ○○이가 말해 볼까요? 그 이유는 무엇인가요?" "이 집에 대한 알맞은 설명이 어떤 것이라고 생각하나요? ◇◇이가 대답해볼까요?"	㪍 디지털교과서 68쪽 㪔 과정 중심 평가 㪔 원격수업에서 학생의 이름을 불러 적극 적인 참여를 이끌어 냄
○ 마무리 퀴즈 풀기 도전: 3문제 중 (　)개	㪍 📖 디지털교과서 69쪽 㪔 틀린 문제의 정답과 틀린 이유를 스스로 확인하기

 TIPS

마무리 퀴즈는 디지털교과서를 활용한다. 문제를 풀기 전 3문제 중 몇 개를 맞출 수 있
는지 스스로 도전해보도록 한다. 정답은 즉시 확인이 가능하다.

6) 마무리

교수·학습 활동	🕮: 자료　🕮: 유의점
○ 학습 소감 발표 　– 아쉬운 점, 재미있었던 점, 그 밖에 하고 　　싶은 이야기	🕮 돌아가며 말하기

✎ 평가 계획

	수행과제	피드백	평가 방법
지식	그림을 보며 집의 변화 모습을 말할 수 있다.	집의 변화를 도구의 발달과 관련지어 본다.	• 교사: 관찰, 활동지 • 학생: 자기평가
기능	동굴집, 움집, 귀틀집, 기와집 등 내가 선택한 집에 대하여 조사하기	디지털교과서, 검색, 백과사전 등 자료를 통해 집의 재료, 모양, 짓는 방법을 탐색하도록 한다.	• 교사: 관찰, 활동지 • 학생: 자기평가
가치 태도	집의 변화에 관심을 갖고 참여하기	집의 다양한 모습과 기능에 관심을 갖는다.	• 교사: 관찰 • 학생: 자기평가

✎ 개인별 사전 학습지-집의 종류에 따라 4종 중 한 가지를 선택

탐구과제 〈가〉형

3학년 (반 내 이름( )

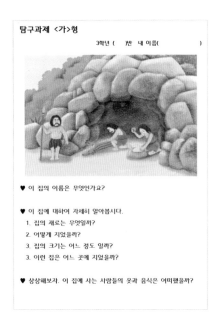

♥ 이 집의 이름은 무엇인가요?

♥ 이 집에 대하여 자세히 알아봅시다.
 1. 집의 재로는 무엇일까?
 2. 어떻게 지었을까?
 3. 집의 크기는 어느 정도 일까?
 3. 이런 집은 어느 곳에 지었을까?

♥ 상상해보자. 이 집에 사는 사람들의 옷과 음식은 어떠했을까?

탐구과제 〈나〉형

3학년 (반 내 이름( )

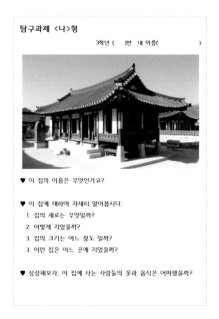

♥ 이 집의 이름은 무엇인가요?

♥ 이 집에 대하여 자세히 알아봅시다.
 1. 집의 재로는 무엇일까?
 2. 어떻게 지었을까?
 3. 집의 크기는 어느 정도 일까?
 3. 이런 집은 어느 곳에 지었을까?

♥ 상상해보자. 이 집에 사는 사람들의 옷과 음식은 어떠했을까?

탐구과제 〈다〉형

3학년 (반 내 이름( )

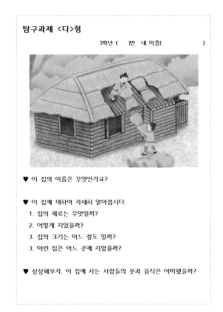

♥ 이 집의 이름은 무엇인가요?

♥ 이 집에 대하여 자세히 알아봅시다.
 1. 집의 재로는 무엇일까?
 2. 어떻게 지었을까?
 3. 집의 크기는 어느 정도 일까?
 3. 이런 집은 어느 곳에 지었을까?

♥ 상상해보자. 이 집에 사는 사람들의 옷과 음식은 어떠했을까?

탐구과제 〈라〉형

3학년 (반 내 이름( )

♥ 이 집의 이름은 무엇인가요?

♥ 이 집에 대하여 자세히 알아봅시다.
 1. 집의 재로는 무엇일까?
 2. 어떻게 지었을까?
 3. 집의 크기는 어느 정도 일까?
 3. 이런 집은 어느 곳에 지었을까?

♥ 상상해보자. 이 집에 사는 사람들의 옷과 음식은 어떠했을까?

✎ 디지털교과서 활용 마무리 퀴즈

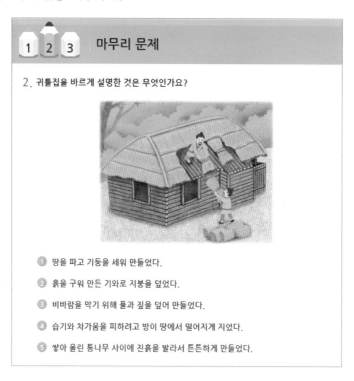

✎ 구글 프레젠테이션(예시. 그림출처: 디지털교과서)

〈학습 정리 프레젠테이션〉	〈다음 차시 학습 자료-이야기 꾸미기〉
집! 어떻게 변화했을까? 	아래 그림을 배경으로 펼쳐지는 이야기를 만들어봐요 

✐ 디지털교과서 탐구자료

과정중심 평가의 피드백 자료로 활용한다.

구글 프레젠테이션으로
함께 작업하기 & 발표하기

- 하나의 구글 프레젠테이션에서 여러 학생들이 동시에 들어와 문서 작업을 함께 할 수 있다.
- 방법: 구글 프레젠테이션에서 공유 / 링크보기 변경 / 링크가 있는 모든 사용자에게 공개 – 편집자

온라인에서 전문가 학습하기

■ 과제분담학습모형(전문가학습모형)의 순서

① 모둠 구성 → ② 전문가 학습지 배부 → ③ 전문가 모둠 학습(각 모둠에서 같은 주제를 선택한 학생들끼리 모여 공부) → ④ 모둠 학습(원래 자기 모둠에서의 학습) → ⑤ 전체 학습지 작성 → ⑥ 개별 평가와 개별 또는 집단(모둠) 보상으로 이루어진다. 이 학습에서는 ①과 ②가 본시 학습 이전에 이루어지도록 하였다.

과제분담학습모형의 '⑤ 전체 학습지 작성' 과정에서 각 모둠에서 학습한 내용을 정리하는 과정은 시간이 매우 오래 걸리는 부분이다. 원격학습 상황에서 정리에 어려움이 있을 수 있으므로 본시에서는 집의 변화 과정을 간단히 순서만 적도록 하고, 그 이유는 말로 조리 있게 설명하도록 하였다.

학생 중심의 수업 활동에서 학습의 중요한 요소가 누락되지 않도록 디지털교과서를 통해 핵심 내용을 확인하도록 하였다. 디지털교과서 68쪽, 집에 대한 알맞은 설명을 끌어다 놓는 부분은 본 차시의 중요한 내용을 담고 있는 부분이다. 학생들마다 이 부분의 학습이 제대로 이루어졌는지 확인을 하도록 하였다.

■ 온라인에서 서로 가르치기

전문가 학습에서 학생들이 친구에게 서로 가르치는 활동이 등장한다.

① 자신이 맡은 부분에 대하여 책임감을 갖고 철저하게 공부하여 학습내용을 체계화 할 수 있게 된다.
② 수업에 적극적으로 많은 시간 동안 참여하게 된다.
③ 학습한 내용을 인출하여 설명하는 과정에서 기억을 향상시키며 장기기억에 유리하다.
④ 메타인지 효과를 높여 준다.
⑤ 저학년에서도 가능하다.
⑥ 소통하고 협력하는 가운데 의사소통역량을 키울 수 있다. 교사의 입장에서는 학생들의 활동 상황을 주의 깊게 관찰할 수 있다.

제5장 상황극 & 3D 애니메이션

4학년 2학기 사회

3. 사회 변화와 문화의 다양성
❶ 사회 변화로 나타난 일상생활의 모습

1 단원 개요

이 단원은 사회 변화로 나타난 일상생활의 변화 모습과 그 특징을 분석하고, 이러한 생활 모습의 변화로 발생하는 문제점과 그 해결방안을 탐구함으로써 사회 변화에 따른 대처 방안을 모색하는 능력과 삶의 다양성을 이해하고 존중하는 태도를 기르는 데 주안점이 있다.

2 원격수업에 따른 교육과정 재구성

가. 주제 목표

지식	• 사회 변화(저출산·고령화, 정보화, 세계화)로 나타난 일상생활의 모습과 특징을 말할 수 있다. • 사회 변화(저출산·고령화, 정보화, 세계화)로 나타난 문제점을 이해하고 조사하여 해결방안을 제시할 수 있다.
기능	• 사회 변화(저출산·고령화, 정보화, 세계화)로 나타난 일상생활의 모습을 조사하여 정리할 수 있다. • 그래프, 도표, 신문 기사 등 자료를 보고 사회 변화(저출산·고령화, 정보화, 세계화)의 특징을 설명하거나 근거를 들어 예상할 수 있다.
가치·태도	• 사회 변화(저출산·고령화, 정보화, 세계화) 속에서 서로 이해하고 소통하는 태도를 기른다. • 사회 변화(저출산·고령화, 정보화, 세계화) 속에서 나타나는 문제점에 대응할 수 있는 태도를 기른다.

[4사04-05] 사회 변화(저출산·고령화, 정보화, 세계화 등)로 나타난 일상 생활의 모습을 조사하고, 그 특징을 분석한다.

다.   교육과정 재구성

1) 재구성 의도

사회변화(저출산·고령화·정보화·세계화 등)를 새롭고 다양한 관점에서 바라 보고 문제를 찾아 명료하게 재정의하는 아이디어 생성 능력이 필요하다. 이를 위하여 학생들이 공감할 수 있는 생활 이야기 중심의 독서와 연계하였다. 또 저 출산·고령화에 대한 피상적인 이해 수준에서 벗어나 진정한 깨달음을 통해 올바 른 개념을 형성하도록 저출산 고령화 상황을 시뮬레이션으로 연출해보았다. 한 편 코로나-19로 인한 급작스런 정보화에 따른 문제 발생에 대처하기 위하여 정 보화 시수를 증가하였다.

2) 재구성 내용

✎ 주제: ❶ 사회 변화로 나타난 일상생활의 모습

재구성 전		■ 재구성 후		
차시	차시별 학습 내용	차시	차시별 학습 내용	원격수업방법
1	단원 학습 내용 예상 하기	1	■ 사회변화로 달라진 생활모습 살펴 보기 ■ 도서 「우리 학교가 사라진대요」[1] 제6화-자료 제공 및 독서 안내	CONTENT
2	사회변화로 달라진 사 람들의 생활 모습 알 아보기			

---

[1] 예영. 2019. 우리 학교가 사라진대요!. 마음이음.

재구성 전		재구성 후		
차시	차시별 학습 내용	차시	차시별 학습 내용	원격수업방법
3~4	저출산·고령화가 우리 생활에 미친 영향 알아보기	2	■ 그래프와 신문기사 속 저출산·고령화 탐색하기 ■「우리 학교가 사라진대요」독서 감상 공유	CONTENT
		3	■ 저출산·고령화의 뜻, 저출산·고령화 사회의 변화모습 알아보기 ■ '우리 학교가 사라진대요'를 애니메이션으로 만든다면－툰타스틱 도입	zoom
5	일상생활에서 정보를 이용하는 사례 알아보기	4	■ 일상생활에서 정보를 이용하는 사례 찾기 ■ 정보화 사회의 문제점 생각해보기	CONTENT
6	정보화 사회의 문제점과 해결 방안 알아보기	5	■ 정보화 사회의 문제점 해결 방안 토의	zoom
7	세계화가 우리 생활에 미친 영향 알아보기	6	■ 세계화란 무엇일까? ■ 세계화가 우리 생활에 미친 영향	CONTENT
		7	■ 사회 변화로 나타난 일상생활의 모습: 저출산고령화, 정보화, 세계화 애니메이션 발표	■ 과제제시형 과제제시형

❸ 교수·학습 과정안

가.   수업 개요

단원명	3. 사회 변화와 문화의 다양성	학년	4	교과	사회
성취 기준	[4사04-05] 사회 변화(저출산·고령화, 정보화, 세계화 등)로 나타난 일상생활의 모습을 조사하고, 그 특징을 분석한다.	차시	2~3/8 사회 101~103		
학습목표	저출산·고령화의 뜻을 설명할 수 있다.	준비물	학생: 색종이 교사: 디지털교과서(101-102쪽)		
원격 수업 유형	■ 실시간 쌍방향 수업 ■ 콘텐츠 활용 수업 - 디지털교과서 ■ 과제제시	활용 플랫폼			

수업 전략: "우리 반 24명이 우리나라 전체의 인구라면?"

학생 전체를 연령별 인구 구성비로 나누어 저출산·고령화 전후의 가상 상황 연출

상황 1. 1995년	〈1995년 상황극 하기〉 * 3분 동안 맡은 역할하기 <table><tr><td>14세 이하:</td><td>6명</td><td>공부하기, 놀기 등</td></tr><tr><td>15~64세:</td><td>16명</td><td>경제활동(종이접기)</td></tr><tr><td>65세 이상:</td><td>2명</td><td>병원가기, 쉬기</td></tr></table>* 주어진 시간(3분) 동안 15~64세가 종이로 접은 것은 몇 개인가?
상황 2. 2050년	〈2050년 또는 먼 미래 상황극하기〉 * 3분 동안 맡은 역할하기 <table><tr><td>14세 이하:</td><td>2명</td><td>공부하기</td></tr><tr><td>15~64세:</td><td>6명</td><td>경제활동(종이접기)</td></tr><tr><td>65세 이상:</td><td>16명</td><td>병원가기, 쉬기</td></tr></table>* 주어진 시간(3분) 동안 15~64세가 종이로 접은 것은 몇 개인가? * 상황 1과 달라진 점은 무엇인가?
선택활동	〈저출산·고령화 애니메이션 만들기〉 선택 1: 8컷 만화 그리기 선택 2: 툰타스틱 3D 애니메이션 제작

단계	교수·학습 활동	☺: 자료 ㉕: 유의점
문제제기	◎ 독후 나눔: 「우리 학교가 사라진대요」를 읽고 ㅇ 패들렛에 남긴 친구들의 소감 살펴보기	자 도서: '우리 학교가 사라진대요', 🔵 패들렛
	◎ 이번 시간에 배울 내용을 알아봅시다. 　 저출산·고령화란 무엇일까요?	
속성제시 및 정의	◎ 그래프로 알아보는 저출산·고령화 ㅇ 우리나라 인구의 변화 그래프 살펴보기 －그래프의 가로축과 세로축은 각각 무엇을 나타낼까요? －14세 이하 인구는 어떻게 변하고 있나요? －65세 이상 인구는 어떻게 변하고 있나요? －2035년 이후에는 인구가 어떻게 변할까요? －저출산·고령화 사회가 되면 우리 생활 모습은 어떻게 변할까요?	■ 디지털교과서 자 🔵 102쪽 우리나라 인구의 변화
속성 및 사례 검토	◎ 신문기사 살펴보기 ㅇ 신문 1: '초등학생 수, 매년 줄어들고 있다' －이처럼 학교의 모습이 변화하고 있는 까닭은 무엇일까요? ㅇ 신문 2: '일하는 노인들이 늘어나고 있어요' －주변에서 이와 비슷한 모습을 보거나 들어 본 적이 있나요?	■ 디지털교과서 자 🔵 103쪽
관련 문제 검토	◎ 저출산·고령화 사회가 되면... ㅇ 우리반 24명이 우리나라 인구 전체라고 해보자. 3분간 맡은 역할에 맞는 일을 한다. －상황 1: 1995년 상황 재연하기 表	<14세 이하> 도화지에 그림을 그리거나 글로 표현한다. <15~64세> 자 색종이(15~64세) 미리 배부 ㉕ 사전에 학습한 동서남북 접기 등 같은 간단한 것 한 가지를 접도록 약속한다. 3분간 계속 접는다.

표:

14세 이하	15~64세	65세 이상
6명	16명	2명
도화지에 그리기, 글쓰기	조용히 종이만 접음	음소거 해제 3분간 말하기
'유치원에 데려다주세요', '친구야 놀자' '간식주세요', '놀아주세요' 등	종이접기 (동서남북 접기)	'아이고 허리야', '병원을 가야겠네' 등

단계	교수·학습 활동	㉺: 자료 ㉻: 유의점
	− (3분 후) 15~64세 16명이 접은 '종이접기'를 모두 더하면 몇 개입니까?	
	◎ 상황 2: 2050년 또는 먼 미래 상황 1의 연령대별 인구수만 달라짐 | 14세 이하	15~64세	65세 이상 | |---|---|---|
2명	6명	16명
도화지에 그리기, 글쓰기	조용히 종이만 접음	음소거 해제 3분간 말하기
'유치원에 데려다주세요', '친구야 놀자' '간식주세요', '놀아주세요' 등	종이접기 (동서남북 접기)	'아이고 허리야', '병원을 가야겠네' 등 | − (3분 후) 15~64세 6명이 접은 '종이접기'를 모두 더하면 몇 개입니까? − (상황 2)에서 (상황 1)과 달라진 것은 무엇입니까?(접은 '종이접기'의 수, 노인들 목소리의 크기, 어린이들의 활동 내용 등) ◎ 상황극 사후 소감 나누기 − 느낀 점, 알게 된 점, 궁금한 점 발표하기	\<65세 이상\> ㉺ZOOM: 음소거해제 ㉻ 음소거를 해제한 상태로 노인의 말투로 천천히 계속 말한다. ㉻ 연령별 활동을 통해 인구 구성에 따른 사회의 변화를 실감하도록 한다. ㉻ 희망에 따라 역할을 맡는다. (상황 1)의 역할을 (상황 2)로 이동한다. ㉻ 저출산·고령화의 개념, 사회의 변화에 중점을 둔다.
창의 발전 학습	◎ 저출산·고령화의 미래 추측 ○ 저출산·고령화가 더 진행된다면 우리 생활은 어떻게 달라질까요? − '우리 학교가 사라진대요'에서처럼 우리 학교가 사라지게 된다면...? − 소그룹회의 내용 발표하기 ◎ 3D 애니메이션 제작 − '우리 학교가 사라진대요'에서처럼 우리 학교가 사라지게 된다면...? 소그룹 회의 내용을 토대로 내가 상상한 내용을 애니메이션으로 만들어보기 ① 3단계 스토리 구상하기 ② 주인공 정하기 ③ 배경 정하기 ④ 툰타스틱으로 애니메이션 제작하기 ⑤ 발표하기	☞ZOOM: 소그룹활동 ㉺ 툰타스틱

✎ **평가 계획**

	수행과제	피드백	평가 방법
지식	주어진 상황에 맞는 역할을 하며 저출산·고령화로 나타난 일상생활의 모습과 특징을 말할 수 있는가?	15~64세가 접은 종이의 수가 줄어든 상황을 경제적 생산량과 관련지어 생각해보도록 한다.	• 교사: 관찰 • 학생: 자기평가
기능	우리나라 인구 그래프를 보고 저출산·고령화 현상을 설명할 수 있는가?	디지털교과서의 그래프(연령별 막대 색깔 애니메이션 기능)를 보여주며 시각적으로 이해하도록 한다.	• 교사: 관찰, 활동지 • 학생: 자기평가
가치태도	저출산·고령화 속에서 서로 이해하고 소통하는 태도를 기른다.	애니메이션을 통해 저출산·고령화 속에 바람직한 가치태도를 표현하도록 한다.	• 교사: 관찰 • 학생: 자기평가

✎ **참고자료: 1. 과정중심평가 피드백 자료로 활용**

디지털교과서의 우리나라 인구의 변화 그래프에서 원 안의 손 모양을 누르면 막대의 길이 변화가 애니메이션으로 나타난다. 연도별로 인구 증감을 직관적으로 파악하기 쉽다.

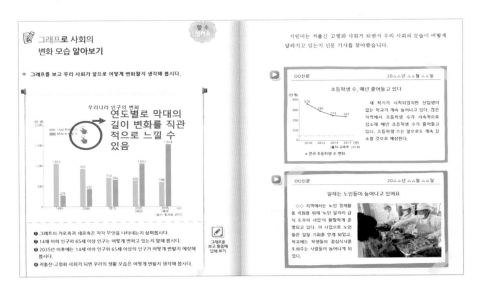

읽기자료: 예영. 2019. 「우리학교가 사라진대요!」

제6화 「우리학교가 사라진대요!」(2017년). 마음이음

TIPS

1. 1995년의 상황과 2050년 이후의 상황에 대한 역할 연기 후 학생들의 반응은 '저출산 고령화가 무엇인지 진짜 알게 되었어요'라는 반응을 보인다. 시간을 충분히 주고 다양한 역할을 해보도록 해도 좋다.

2. 종이접기는 학생들이 알고 있는 간단한 것을 접도록 하면 된다. 경제활동 인구의 감소에 따라 생산력의 감소를 상징하는 활동이다. 미래사회에서 로봇, 스마트 팩토리 등장 등과 산업의 변화와 관련지을 수 있다.

3. 쌍방향 수업에서 한 화면에 전체 학생(줌에서 49명까지 가능)이 각자의 역할을 하는 것을 한눈에 파악해야 한다. 65세 이상은 음소거를 해제하고 작은 목소리로 말하도록 한다.

4. 툰타스틱 활용

툰타스틱은 사용법이 간단하여 빠른 시간에 애니메이션을 제작할 수 있다. 손으로 캐릭터를 움직이며 직접 목소리를 녹음하고 음악을 고르면 애니메이션이 제작된다. 교실에서 모둠 협력으로 스토리를 만들고 역할을 맡아 역할극으로 진행할 때 편리하다. 도입-전개-결말 장면별로 각자 애니메이션을 만들어 보는 것도 재미있다.

툰타스틱 제작 후 작품을 스마트폰에 저장할 수 있다. 간혹 스마트폰에 저장이 되지 않더라도 앱 자체에는 내가 만든 작품들이 모두 저장이 되어 있으므로 화면 공유를 통해 발표가 가능하다.(툰타스틱 사용법은 3장 참조)

예시: 저출산·고령화로 학생이 2명이 된 학교이야기 화면 공유

[제작 방법]

• 배경-다양한 장면 중 교실을 선택. 새로운 배경을 직접 그릴 수 있음

• 캐릭터-기본 캐릭터 중에서 희망하는 캐릭터를 3명 선택하고, 한 명의 얼굴을 내 사진으로 바꿈(왼쪽 첫 번째 캐릭터)

• 스토리-손가락으로 캐릭터를 터치하여 이동시키며 대사를 말하면 자동적으로 녹음됨

Toontastic 3D 애니메이션 제작 과정 안내		
이야기 단계 설정		
등장인물 선택		
이야기의 배경 (공간적 배경) 선택		
이야기 녹화하기		
저장		

제6장 학습꾸러미를 활용한 통합교과수업

2학년 2학기 여름 초록이의 여름여행 + 2학년 1학기 국어. 7. 친구들에게 알려요

〈학습꾸러미를 활용한 프로젝트 학습〉
수업활용팀-학습꾸러미, 놀이

1 단원 개관

통합교과 여름단원의 '수업 만들기' 차시는 총 2개 차시로 여름에 할 수 있는 다양한 놀이를 계획하여 진행할 수 있다. 학생의 요구를 수용하여 교실이나 운동장에서 물을 이용한 놀이를 할 수 있고, 학생들의 창의성과 상상력을 적극적으로 수용하여 다양한 놀이를 즐겁게 만들어 놀 수 있도록 구성하였다.

국어과 '7. 친구들에게 알려요' 단원은 물건을 설명하는 글을 읽고 주요 내용을 확인하는 방법을 알며 이를 바탕으로 하여 물건을 설명하는 짧은 글을 쓰는 데 목적이 있다. 실천학습에서는 한 걸음 더 나아가 자신이 발명하고 싶은 물건을 주변 사람에게 설명하는 글을 쓰는 능력을 기를 수 있게 하였다.

2 원격수업에 따른 교육과정 재구성

가.	프로젝트 학습 목표

슬기로운 집콕놀이는 통합교과. 〈즐거운 생활〉의 '여름' 단원과 국어교과를 재구성한 것입니다.

[2즐04-04] 여름에 할 수 있는 여러 가지 놀이를 한다.
[2국03-09] 주변의 사람이나 사물에 대해 짧은 글을 쓴다.
[진로2.1.1] 가족, 친구, 이웃 등 주위 사람들과 친밀하게 지낼 수 있다.

다.   교육과정 재구성

1) 재구성 의도

2학년 통합교과 놀이수업에서 '모래놀이'와 '물놀이'는 코로나로 인해 학교에서 운영이 어렵다. 따라서 국어과 실천학습의 '발명품 설명하기' 대신 '개발한 놀이를 설명하는 주제'로 바꾸었다.

통합교과의 놀이 차시와 국어 교과를 통합하여 '슬기로운 집콕놀이' 프로젝트 학습으로 재구성하였다. 프로젝트 운영은 온라인에 익숙하지 않은 2학년이, 학습자 중심 수업을 운영하기에 적절한 학습방법으로 학습꾸러미를 제공하여 등교수업과 원격수업의 과제제시형 수업으로 구성하였다.

2학년은 EBS영상을 시청을 통해 학습내용을 공부하고 있다. 거꾸로 교실처럼 EBS영상으로 배운 학습내용을 심화하거나 적용하는 수업의 재구성이 필요하다. 국어과의 7단원의 '친구들에게 알려요' 단원과 통합교과의 '여름' 놀이 차시를 통합하여 '슬기로운 집콕놀이 프로젝트'를 계획하였다.

'집콕놀이 프로젝트'는 코로나로 친구들과 실컷 뛰놀지 못하는 학생들에게 놀이개발자가 되어 교실이나 가정에서 안전하게 할 수 있는 놀이를 개발하고 실제로 친구들과 놀아보는 수업이다.

2) 재구성 내용

재구성 전		재구성		
차시	차시별 학습 내용	차시	차시별 학습 내용	원격수업방법 활용 도구
여름 2-1 (4차시)	**2. 초록이의 여름 여행** (16차시) 수업만들기 -여름에 할 수 있는 놀이 계획하여 진행하기 (26차시) 수업 만들기 (27-28차시) -두꺼비 '집이 여물까?' 노래 부르기 -모래 놀이하기	1 차시	▸ 집콕놀이 영상 시청 -집콕놀이 9가지 -슬기로운 집콕놀이	등교수업 원격수업 ■ 유튜브 ■ 놀이 도구
		2 차시	▸ '슬기로운 집콕놀이' 프로젝트 문제 제시하기 -문제 파악하기 -집콕놀이의 개발의 기준 ▸ 집콕놀이 개발하기 -놀이규칙, 놀이도구, 놀이 유의점 ▸ 과제 안내	등교수업 ■ 문제카드 ■ 학습꾸러미
		3 차시	▸ 집콕놀이 설명쓰기 -놀이 그림 그리기 -놀이 설명 쓰기 -놀이 설명 연습하기	원격수업 ■ 과제제시형
국어 (2차시)	(9-10차시) 발명하고 싶은 물건을 설명할 수 있다. -발명하고 싶은 물건 구성하기 -발명하고 싶은 물건 설명하기	4 차시	▸ 개발한 놀이 설명하기 ▸ 놀아보고 싶은 놀이 투표하기	등교수업 ■ 학습꾸러미 ■ 놀이도구
		5~6 차시	▸ '놀이의 날' 운영하기 ▸ 집콕놀이 프로젝트 활동 소감 나누기	등교수업 ■ 놀이도구

❸ 수업 흐름

1~3차시 등교수업(1~2차시), 원격수업(3차시) 프로젝트 문제제시

성취기준	• [2즐04-04] 여름에 할 수 있는 여러 가지 놀이를 한다. • [2국03-09] 주변의 사람이나 사물에 대해 짧은 글을 쓴다
학습목표	• 슬기로운 집콕 놀이 프로젝트 문제 파악하기 • 집콕놀이 개발 계획세우기
수업자료	• 유튜브 동영상, 프로젝트 문제 영상, 문제카드

학습 단계	학습 내용	활용도구 및 유의점

<1차시>
동기유발
	▶ '아이들은 ○○하기 위해 세상에 온다.
	 - ○○은 무엇일까요?
	  왜 아이들은 세상에 놀기 위해 왔다
	  고 했을까요?
	  가위바위보 놀이하기
	 - 코로나로 나갈 수 없을 때 어떤 놀
	  이를 하고 놀았나요?
	 - 친구들에게 추천하고 싶은 놀이는
	  무엇인가요?
		■ 수업운영 ppt
		※ 학생들과 간단한 놀이(가위바위보,
		  코코코놀이, 가라사대놀이)를 하
		  여 수업내용과 연관지어 동기를
		  끌어낸다.

문제제시	▶ '슬기로운 집콕놀이' 문제 제시하기
	 - 집콕놀이가 뭘까요?
	 - 왜 '슬기로운' 집콕놀이일까요?
	 - 집콕놀이 프로젝트에서 여러분이
	  할 일은 무엇인가요?
	  → 재미있는 놀이를 개발하는 것입
	   니다.
	  → 놀이를 발표하고 친구들과 노는
	   것입니다.
	 - 궁금한 것이 있나요?
	 - 집콕놀이가 무엇인지 영상을 보겠
	  습니다.
		■ 학습꾸러미 제시
		
		※ 프로젝트는 학생들이 수업의 주
		  인이 되서 스스로 만들고 발표하
		  고 평가도 하는 수업이라고 안내
		  한다.

학습 단계	학습 내용	활용도구 및 유의점
배경지식 탐구하기	▸'슬기로운 집콕놀이' 시청하기 – 집콕놀이가 왜 생겼을까요? – 가장 인상 깊은 놀이는 무엇인가요? – 놀아보고 싶은 놀이는 무엇인가요?	■ 집콕놀이9가지 http://gg.gg/2gradeplay 우리 집에서 놀까? http://gg.gg/lnjkv ※ 집콕놀이 영상은 놀이 개발을 위한 사전지식제공과 벤치마킹을 위한 것이므로 3가지 정도만 보여준다.
	▸놀이 설명하기 – 자신이 놀고 싶은 놀이를 짝에게 설명해볼까요? – 놀이의 제목과 도구, 규칙은 무엇인가요? – 설명한 놀이에서 어떤 점이 재미있나요?	※ 놀이의 특징이 잘 드러나도록 설명하도록 안내한다.
<2차시> 개발 하기	▸놀이 개발을 위한 안내 – 여러분은 놀이 개발자입니다. – 이 세상에 없는 재미있는 놀이를 개발할 것입니다. – 집콕놀이 개발 조건은 무엇인가요? → 안전, 재미, 규칙단순, 도구단순, 접촉없는 것, 휴대전화나 전자기기 제외입니다. – 좀 더 추가할 조건이 있나요?	■ 학습꾸러미 ※ 재료를 종이, 종이컵, 수수깡 등으로 정해놓고 운영해도 좋다.
	▸놀이 개발 아이디어 생성하기 – 집에서 했던 놀이를 떠올려봅니다. – 알고 있던 놀이를 변형해도 좋습니다 – 새로운 놀이를 만들어도 좋습니다. – 승패가 있는 놀이, 없는 놀이	※ 1인 프로젝트로 진행하고 학생들의 아이디어를 구체화하고 발전시키도록 교사는 순회하면서 피드백을 제공한다.
	▸집콕 놀이 표현하기 – 놀이 방법과 도구를 그림으로 표현하기 – 놀이 규칙, 주의점 설명 쓰기	■ 색연필, 싸인펜, 활동지

학습 단계	학습 내용	활용도구 및 유의점
과제제시	▸ 과제안내 　–놀이제목 정해오기 　–놀이를 그림으로 표현하는 것 완성 　 해오기 　–놀이를 설명하는 글 완성해오기 　–놀이의 특징(규칙, 도구, 주의점) 　 드러나도록 설명연습해오기	■ 온라인 클래스나 패들렛에 사진 찍어 과제 올리기 ※ 놀이개발에 필요한 준비도구 중 에 기본적인 종이류는 학교에서 제공합니다.
<3차시> 과제 수행하기 <원격>	▸ 가정에서 과제 완성하기 　–학습꾸러미 작성하기 　–학급 클래스에 사진찍어 올리기 　 (혹은 패들렛에 사진찍어 올리기) 　–놀이 설명 연습하기 　–가족들과 놀이하기	※ 집콕놀이는 집에서 가족과 함께 놀 수 있는 것이고 저학년의 특성 상 가족과 함께 만들 수 있다. 프 로젝트 수업이므로 학생들의 의 견이 충분히 반영되어 제작되어 야 자기주도적 학습능력이 향상 되고 성취감을 경험할 수 있음을 학부모님께 안내한다.

슬기로운 집콕놀이 영상

(http://gg.gg/2gradeplay)　　(http://gg.gg/lnjkv)

집콕놀이 영상을 보여주는 것은 집콕놀이에 대한 배경지식을 탐구하는 과정이다. 집콕놀이 예시를 보여주고 학생들과 놀이의 특징(규칙, 방법, 도구)을 함께 찾아본다. 놀이 영상을 선택할 때는 되도록 놀이 방법, 도구 설명이 친절하게 나온 것이 좋다. 어떤 부분이 재미있는지 벤치마킹처럼 아이들 수준에 맞게 분석해보는 과정이다.

프로젝트 문제제시 카드

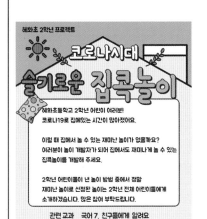

▸ **자료제작 팁**
무료 제작도구 <미리캔버스>나 <망고보드>에서 만들고자 하는 주제를 검색한다(집콕놀이, 놀이, 코로나). 카드뉴스나 포스터 자료를 글씨와 그림을 수정하여 사용하면 전문가 수준의 결과물이 나온다.

▸ **활용 팁**
2학년 학생들에게 프로젝트 문제를 제시할 때는 글씨가 작고 시각적인 자료가 효과적이다. 카드 형태의 문제제시는 학생들의 관심을 끌고 문제의 전달을 명확하게 한다. 만약 문제제시 카드제작이 부담되거나 시간상 어려울 경우, 이야기로 문제를 제시하면서 프로젝트를 시작해도 무방하다.

슬기로운 집콕놀이 학습꾸러미

2학년 ( )반 놀이 개발자 이름 ( )	
슬기로운 집콕놀이 프로젝트 안내	이 세상에 있는 직업 중에 '놀이 개발자'라는 직업이 있어요. 이제 여러분이 놀이 개발자가 되어 코로나로 집에서만 노는 친구들을 위해 집에서도 재미있게 놀 수 있는 놀이를 개발해 보세요. 그동안 놀았던 경험을 생각해보면서, 재미있는 놀이를 개발해보아요!
이것만은 기억해요 〈집콕놀이 조건〉	1. 안전해야 합니다. 2. 재미있어야 해요. 3. 놀이 규칙이 단순해요. 4. 도구가 간단하게 개발해요. 4. 휴대폰이나 전자기기를 활용하는 놀이는 제외해요.
내가 개발한 놀이 이름 ( )	
〈그림그리기〉 놀잇감이나 놀이하는 모습	
〈설명쓰기〉 놀이 방법 및 규칙, 주의 사항	

등교수업(2차시)

성취기준	[2즐04-04] 여름에 할 수 있는 여러 가지 놀이를 한다. [2국03-09] 주변의 사람이나 사물에 대해 짧은 글을 쓴다. [진로2.1.1] 가족, 친구, 이웃 등 주위 사람들과 친밀하게 지낼 수 있다.
학습목표	• 개발한 놀이의 특징을 설명하는 발표를 할 수 있다. • 친구들을 존중하고 배려하며 놀이를 할 수 있다.
수업자료	• 놀이도구, 놀이평가표, 학습꾸러미

학습 단계	학습 내용	활용도구 및 유의점
도입	▶교차 박수 놀이 －선생님의 손이 만나면 박수를 치세요 －느리게 하거나 빠르게 하여 집중시키기 ▶수업 안내 －(활동1) 놀이 발표하기 －(활동2) 놀이 투표하기 －(활동3) 놀이의 날 운영하기	※ 교차 박수 놀이처럼 간단한 주의집중 놀이로 학생들에게 즐거움과 집중을 유도할 수 있다.
발표 하기	▶집콕놀이 발표 준비하기 －놀이의 특징(규칙, 도구, 유의점)이 잘 나타나게 발표하세요 －발표 연습을 할 시간을 드리겠습니다. －한 사람씩 나와서 발표합니다. －친구들의 놀이 발표를 경청하고 교실에서 함께 놀고 싶은 놀이에 투표합니다.	■ 개발한 놀이모음 ppt, 발표 형식 ppt ※ 발표 형식을 제공하여 발표에 어려움이 없이 학생들이 발표할 수 있도록 돕는다. 예 제가 만든 슬기로운 집콕 놀이 제목은 ○○입니다.
	▶놀고 싶은 놀이 투표하기 －투표기준은 교실에서 놀 수 있고 안전하고 재미있는 놀이입니다. －가장 많은 표를 받은 놀이는 ○○입니다.	■ 스티커 ※ 놀이투표
실천 하기	▶스포츠 데이 운영하기 －규칙을 지키며 놀아요 －사회적 거리 지키며 놀아요 －친구와 배려하며 사이좋게 놀아요	※ 놀이는 동시에 진행하지 않고 교사의 인솔 하에 학생들이 사회적 거리를 두면서 운영한다.
평가 및 피드백	▶수업 소감 및 자기평가표 －친구들에게 놀이의 특징을 살려서 설명했는가? －수업을 위한 과제를 수행했는가?	■ 자기평가표 및 수업소감

교차박수 놀이

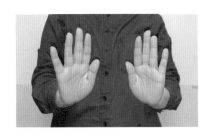 

준비 자세, 학생들은 박수를 안친다.	교차할 때, 학생들은 박수를 친다.

교차박수는 특별한 준비물 없이 놀 수 있고 집중을 유도하기에 적절한 놀이이다. 양 손이 교차할 때 박수를 치는 것인데, 교차하는 속도를 느리게 했다 빠르게 했다 하면 학생들이 더 집중하고 즐거울 수 있는 놀이이다. 규칙이 간단하고 재미있어서 저학년부터 고학년까지 놀 수 있다.

집콕놀이 발표 틀 제시

집콕놀이 발표, 이렇게 하세요

1. 안녕하세요! 저는 집콕놀이 개발자 OOO입니다.
2. 제가 개발한 놀이 이름은 '콧바람 볼링' 입니다.
3. 놀이의 특징은 간단한 종이만 있어도 할 수 있습니다.
4. 놀이도구는 볼링 핀 대신 색종이를 반으로 접어서 세워놓습니다.
5. 놀이방법은 콧바람을 불어서 종이를 넘어뜨린 만큼 점수를 얻습니다.
6. 주의할 점은 바람이 부는 곳을 피하시기 바랍니다.
7. 질문있나요?
8. 제 발표를 들어주셔서 감사합니다.

2학년 학생들은 발표를 하는 데 익숙하지 않고, 등교수업이 많지 않아서 발표 연습할 시간이 충분하지 않으므로 발표 형식을 미리 제시하고 연습 시간을 갖게 하는 것이 효과적이다. 이번 수업은 국어과의 설명하기 단원이므로 놀이의 특징이 잘 드러나도록 설명하는 수업이다. 문장의 첫 소절을 제시하면 발표를 어려워하는 학생들도 쉽게 발표할 수 있다.

슬기로운 집콕놀이 학습꾸러미

1. 자기평가표

1. 슬기로운 집콕놀이를 개발했는가?	☆ ☆ ☆ ☆ ☆
2. 안전한 집콕놀이를 개발했는가?	☆ ☆ ☆ ☆ ☆
3. 집콕놀이의 특징이 나타나게 발표했는가?	☆ ☆ ☆ ☆ ☆
4. 친구들의 발표를 경청하였는가?	☆ ☆ ☆ ☆ ☆
5. 규칙을 지키며 놀이에 참여하였는가?	☆ ☆ ☆ ☆ ☆

2. 슬기로운 집콕놀이 프로젝트 소감

1. 내가 개발한 집콕놀이는 무엇이고 어떤 특징이 있나요?

2. 가족, 친구들과 놀기 좋은 놀이는 어떤 놀이인가요?

3. 슬기로운 집콕놀이 수업을 한 소감을 써보세요.

4학년 2학기 과학　　4. 화산과 지진

1 단원 개관

　　2020년 3~4학년 사회, 과학, 영어교과가 디지털교과서로 나왔으며 2022년부터는 3－4학년, 2023년부터는 5－6학년, 총 16책이 단계별로 적용된다. 새로운 교과서가 나오거나 교육과정이 바뀌면 신학년도가 시작되기 전에 해당 교사들을 대상으로 대대적인 연수를 한다. 엄청난 물량을 투자하여 만든 디지털교과서는 코로나로 인해 연수는커녕 홍보조차 제대로 이루어지지 않아 학교에서 디지털교과서에 대한 호응은 매우 낮다. 그러나 막상 디지털교과서를 사용해본 교사들은 코로나 시대에 적합한 교과서라며 특히 '자기주도학습'을 할 수 있는 형식을 갖췄다고 말한다. 여기서는 원격수업시대에 과학과 교육과정의 재구성과 수업에서 디지털교과서를 어떻게 활용하는지 살펴보기로 한다.

2 원격수업에 따른 교육과정 재구성

> **가.** 　 단원 목표

　　이 단원의 목표는 태도 면에서 '화산 활동과 지진에 흥미 갖기, 지진 발생시 안전하게 대처하는 방법을 알기, 화산모형 평가하기'며 탐구활동으로는 '화산 활동에서 나오는 물질을 관찰하기, 현무암과 화강암의 특징 및 생성 과정 비교하기, 지진 피해 사례 조사하기'다. 지식 면에서는 '화산 분출물, 지진 발생 원인, 현무암과 화강암 특징 설명하기'를 목표로 한다.

나. 단원 성취기준

[4과 11-01] 화산 활동으로 나오는 여러 가지 물질을 설명할 수 있다.

[4과 11-02] 화산의 생성 과정을 이해하고 화강암과 현무암의 특징을 비교할 수 있다.

[4과 11-03] 화산 활동이 우리 생활에 미치는 영향을 발표할 수 있다.

[4과 11-41] 지진 발생의 원인을 이해하고 지진이 났을 때 안전하게 대처하는 방법을 토의할 수 있다.

다. 교육과정 재구성

1) 재구성 이유

과학 수업은 실험실습이 많은 단원이다. 그러나 등교수업이 줄어든 상황에서 과학과 교육과정 재구성은 그 어느 과목보다도 절대적으로 필요하다. 따라서 화산과 지진 단원에서 실험실습을 반드시 해야 하는 부분은 등교수업에서 실시하고, 나머지 차시는 학습 내용에 따라 '콘텐츠제시형 수업'과 '과제제시형 수업', '줌 수업' 등을 적용하도록 재구성하였다. 또한 과학수업은 온라인 수업에 적합한 디지털교과서를 활용하였으며, 학생들의 모둠별 협력학습을 위한 활동으로 줌 수업에서 소회의실을 활용하여 공동과제에 대한 협의를 하거나 제작을 하는 방법으로 재구성하였다.

2) 재구성 내용

재구성 전		재구성		
차시	차시별 학습 내용	차시	차시별 학습 내용	원격수업방법
		1	▶ 프로젝트 학습을 위한 줌 수업 안내 −줌 기능, 소모임실, 화면 공유 등	■ 등교수업(컴퓨터실 활용) 등교수업

재구성 전		재구성		
차시	차시별 학습 내용	차시	차시별 학습 내용	원격수업방법
		2	▶ 모둠별 프로젝트 주제 정하기 협의(마지막 차시에 발표)	■ 줌과 줌수업 소회의실에 대해 알아보기 ZOOM
1	화산 활동과 지진 표현하기	2	▶ 배울 내용 소개 ▶ 화산의 생김새와 특징을 알고 화산에 대해 설명하기 ▶ 과제 제시: 디지털교과서 다운받기	■ 디지털교과서 활용 줌(쌍방향)수업 ZOOM • 콘텐츠 제공
2	화산이란 무엇일까요?	3	▶ 화산 분출 모형 실험으로 관찰할 수 있는 물질과 실제 화산 분출물을 비교하기	■ 등교수업 등교수업 • 실험 실습 ■ 디지털교과서
3	화산 활동으로 나오는 물질에는 어떤 것들이 있을까요?			
4	현무암과 화강암은 어떤 특징이 있을까요?	4	▶ 현무암과 화강암의 특징과 생성 과정 알기 －현무암의 특징 알기 －화강암의 특징 알기	■ 줌수업(또는 콘텐츠 제공형) ZOOM ■ 디지털교과서 활용
5	화산 활동은 우리 생활에 어떤 영향을 줄까요?	5	▶ 화산 활동이 우리 생활에 미치는 영향 －화산 자원 활용하기	■ 콘텐츠제공형(또는 줌수업) CONTENT
6	지진이 발생하는 까닭은 무엇일까요?	6	▶ 지진이 발생하는 까닭, 최근에 발생한 지진의 피해 사례 알기	■ 등교수업 또는 줌을 활용한 개인 실험 등교수업 ZOOM
7	최근에 발생한 지진 피해 사례에는 어떤 것이 있을까요?			
8	지진이 발생하면 어떻게 해야 할까요?	7	▶ 지진이 발생했을 때 대처 방법에 따라 행동하기	■ 인터넷 조사학습, 학급 밴드 활용형

재구성 전		재구성		
차시	차시별 학습 내용	차시	차시별 학습 내용	원격수업방법
			▸과제 제시: 지진대비 안전한 건물 조사	**원격수업** • 활동지
9-10	지진에 안전한 건물 모형 만들기	8	▸지진에 안전한 건물 모형 만들고 평가하기	■등교수업 **등교수업** • 실험실습
		9	▸모둠별 프로젝트 협력 학습 마무리 작업 시간 주기	■줌수업(또는 구글 클래스팅) **zoom** • 협력학습
		10	▸화산과 지진 정리	■과제제시형 **과제제시형** • 결과물은 평가 자료로 활용
11	화산과 지진을 정리해 볼까요?	11	▸모둠별 협력 프로젝트 학습 발표	■줌수업(등교수업시에는 PPT 발표) **등교수업** **zoom** • 활동지 • 평가 자료로 활용

❸ 수업 사례

1) 수업 흐름의 개요

1차시

 (등교수업) – 컴퓨터실 활용

주제	• 줌 수업에 필요한 기능 익히기(이미 줌 기능을 익혔으면 1차시 건너뜀)
학습목표	• 줌 수업에 필요한 기능을 익힐 수 있다.
수업자료	• 컴퓨터(태블릿, 스마트폰), 헤드셋, 웹캠(노트북일때는 카메라 없어도 됨)

학습단계	학습내용	원격 방법 및 유의점
도입	▸ 출석 체크 ▸ 동기유발: 줌 활용 수업 사례 보기 –줌 수업에서 출석체크 –수업이 진행되는 과정 등 ▸ 수업 활동 안내	■ 줌 활용수업사례 (https://www.youtube.com/watch?v = SDrIXzUBNfU) [원격수업사례] 쌍방향 원격수업 시연–염포초(15분이므로 빠르게 느낌만 알도록 보여주기)
전개	▸ 활동1: 줌 기능 익히기(1) –다운 받는 방법 –줌 회의 참가하는 방법 –화면 공유하는 방법	■ 줌 기능 익히기(이 책 3부 참고) zoom
	▸ 활동2: 줌 기능 익히기(2) –소회의실 활용 방법 –모둠 나누기 –프로젝트 학습 주제 알기 (세계 화산 활동과 그것을 활용하는 방법)	■ 줌 조별 활동(소회의실) (https://www.youtube.com/watch?v = M3a7j49dx4w) (생코TV. ZOOM으로 하는 조별 활동하는 법)

학습단계	학습내용	원격 방법 및 유의점
	▶ 활동3 - 소모임실에서 프로젝트 학습 주제 협의 - 모둠별 정해진 주제 발표하기	■ 줌 소회의실 활용
정리	▶ 과제 제시 - 모둠별 프로젝트 학습 주제 보완 및 확정 해오기	• 과제로 모둠별 줌 회의(또는 카톡이나 밴드 활용 가능)
평가 및 피드백	▶ 줌 기능을 익혀 모둠활동을 할 수 있는가? ▶ 피드백: 잘 따라 하지 못하는 아이들은 교 사나 잘하는 아이들이 도와주어 기능 익히 게 하기	• 전체 수업이 끝난 뒤 수업시 간 중 잘 따라오지 못한 학생 들을 남겨 다시 설명해주어 이해를 높임

TIPS

1차시 수업은 4단원 수업을 위한 준비과정으로 재구성하였다. 등교 수업을 할 때, 컴퓨
터실에 가서 줌기능이나 소회의실 기능을 경험해보게 하고 집에 가서 설치할 수 있도록
매뉴얼을 나누어주거나 관련 유튜브 사이트를 알려 준다.

2차시   줌을 통한 디지털교과서 활용 수업

성취기준	[4과 11-02] 화산의 생성 과정을 이해하고 화강암과 현무암의 특징을 비교할 수 있다.
학습목표	• 화산의 생김새와 특징을 알고 화산에 대해 설명할 수 있다.
수업자료	• 디지털교과서, 줌 수업

학습 단계	학습 내용	원격 방법 및 유의점
도입	▸ 출석 체크 - 전시 학습 상기 ▸ 4단원에서 배울 내용 소개 ▸ 동기유발: 시작 퀴즈 화산이란 무엇일까요? 시작 퀴즈 ▸ 학습 문제 확인, 학습 활동 안내	▪ 줌을 활용하여 디지털 교과서로 수업 zoom ▪ 디지털교과서 시작 퀴즈

전개	▸ 활동1: 우리나라 화산 관찰하기
	  - 한라산 생성 과정 동영상 보기
	  - 백두산 천지 모습 보기
		▪ 우리나라 화산 관찰하기
		(82~83쪽)

	▸ 활동2: 세계 여러 화산 모습 비교하기 - 시나붕산, 칼라우에아산, 후지산 비교하기	▪ 여러 나라의 화산 활동 (83쪽)
	• 활동3: 화산 정의 알아보기 - ☐ 문제 풀이	▪ 디지털교과서 (83쪽)

정리	▸ 화산에 대해 정리하기
	  - 문제 풀이
	  - 화산과 화산이 아닌 산의 차이 설명하기
	▸ 과제: 디지털교과서 다운 받는 방법 소개 및 과제 제시
		▪ 디지털교과서 다운 방법 안내(매뉴얼 나눠주고 관련 유튜브 사이트 알려주기)

학습 단계	학습 내용	원격 방법 및 유의점
평가 및 피드백	▸ 평가: 이번 차시에서는 (활동3)으로 평가함. ▸ 피드백: 화산의 정의를 모르는 학생에게 다시 설명하여 확실한 개념을 갖게 함	

디지털교과서 다운받는 방법

에듀넷 디지털교과서 → 회원가입 → 수업 → 디지털교과서 → PC설치용 뷰어다운로드 → 실행 → 디지털교과서 설치 → 교직원(학생) 클릭 → 동의(14세 미만이라 학부모 동의 필수) → 로그인 → 콘텐츠 내려받기(과학, 사회, 영어) → 내 서재에 담고 활용하기

3차시 등교 수업, 실험, 디지털교과서

성취기준	[4과 11-01] 화산 활동으로 나오는 여러 가지 물질을 설명할 수 있다.
학습목표	• 화산 분출 모형 실험으로 관찰할 수 있는 물질과 실제 화산 분출물을 비교할 수 있다.
수업자료	• 디지털교과서, 실험도구(알루미늄 포일, 마시멜로, 식용색소, 은박접시, 알코올램프, 보안경, 삼발이, 면장갑)

학습 단계	학습 내용	원격 방법 및 유의점
도입	▶동기유발: 화산이 분출하는 모습 알아보기 －시작 퀴즈(화산 폭발하는 장면)	■디지털교과서: 시작 퀴즈
전개	▶활동1: 화산 분출 모형 실험하기 －실험 방법 및 주의사항 안내 －실험하며 관찰하기 －관찰한 분출물에 대해 이야기 나누기	■실험하기(모둠 실험 또는 교사 대표 실험)
	▶활동2: 화산이 분출할 때 나오는 물질 알아보기 －화산재, 용암, 화산 암석 조각을 클릭하여 동영상 보며 분출물 알기	■디지털교과서: 84~85쪽
정리	▶화산 분출 모형 실험과 화산 분출 비교하기 －더 생각해 볼까요? ▶마무리 퀴즈 →과제 제시: 프로젝트 학습 안내	■디지털교과서: 84~85쪽 ■프로젝트 학습지 배부
평가 피드백	▶평가: '더 생각해 보기'와 '마무리 퀴즈'로 평가 ▶피드백: 모형 화산 실험과 화산 분출물의 차이를 확실히 알게 하기 위해 화산 분출 장면 동영상 시청하게 함.	■유튜브: '화산분출물 관찰 디딤영상' 등 (https://www.youtube.com/watch?v=O4HQOxmh1rw)

4차시 　줌 수업, 화면공유, 디지털교과서 활용

성취기준	[4과 11−02] 화산의 생성 과정을 이해하고 화강암과 현무암의 특징을 비교할 수 있다.
학습목표	• 현무암과 화강암을 비교하여 특징을 알고 그 생성 과정을 알 수 있다.
수업자료	• 디지털교과서, 컴퓨터, 줌, 화면공유 할 콘텐츠

학습단계	학습내용	원격 방법 및 유의점
도입	▶ 출석 체크 　−아침 인사/ 학생 출석 체크 　−건강 체크 ▶ 선수학습 확인하기 　−1학기 때 배운 암석의 종류 확인 ▶ 동기 유발 　−암석송 ▶ 학습 활동 안내	■ 줌 수업 시작 　• 화면 공유 　　(암석의 종류, 암석송) 　• 암석의 종류 　(https://www.youtube.com/watch? 　v=Ityz−3vgBDA) 　• 암석송(LG sicience) 　(https://www.youtube.com/watch? 　v=YNalQ0fOyVw)
전개	▶ 활동1: 현무암과 화강암 비교하기 　−화면공유된 동영상 보기 　−관찰책 44쪽 정리하기	• 현무암과 화강암 비교영상 　(https://www.youtube.com/watch?v 　=m8UFi3n0qI4)
	▶ 활동2: 디지털교과서 활동 　−현무암과 화강암 돋보기로 보기 　−[ ] 채우기 　−더 생각해 보기 　'현무암과 화강암이 만들어지는 장소' 클릭	■ 디지털교과서: 86~87쪽

학습단계	학습내용	원격 방법 및 유의점
정리	▸ 마무리 퀴즈(3문제) ▸ 화산송 듣기	▪ 디지털교과서: 87쪽
평가 및 피드백	▸ 평가: 마무리 퀴즈 풀기 ▸ 피드백: '마무리 퀴즈' 초기화하여 반복하여 풀기	▪ 프로젝트 학습 중간 점검

콘텐츠제공형 수업, 과제제시(관찰책)

성취기준	[4과 11-03] 화산 활동이 우리 생활에 미치는 영향을 발표할 수 있다.
학습목표	• 화산 활동이 우리 생활에 주는 피해와 이로운 점을 설명할 수 있다.
수업자료	• 컴퓨터(E학습터, EBS온라인클래스, 구글클래스룸 활용하여 콘텐츠 제공), 관련 콘텐츠(동영상)

학습단계	학습내용	원격 방법 및 유의점
도입	▸ 동기유발) 화산 폭발 영상 모음 ▸ 학습 목표 및 활동 안내	■ 유튜브: 화산폭발 영상모음 (https://www.youtube.com/watch?v=t-QbnKNs9uY)
전개	▸ 활동1: 화산 활동이 우리 생활에 미치는 영향 알아보기 ─동영상 보기 ─관찰책 45쪽 1번에 정리하기	■ 유튜브: 화산활동이 우리 생활에 미치는 영향 (https://www.youtube.com/watch?v=JzfTFsxDldE)
	▸ 활동2: 화산 활동이 우리 생활에 주는 피해와 이로운 점 분류하기 ─동영상 보기 ─관찰책 45쪽 2번에 분류하여 정리하기	■ 유튜브: 화산 활동의 피해 (https://www.youtube.com/watch?v=hnlo32UqyAo)
	▸ 활동3: 화산 활동을 이용하는 산업 찾기 ─검색하여 관찰책 45쪽 '더 생각해보기' 정리하기	■ 인터넷 검색 활용 ■ 디지털교과서: 89쪽에 정리하기
정리	▸ 마무리 퀴즈 풀기 ▸ 관찰책 검사 예고(등교수업 때 검사 실시 예고) ▸ 과제 제시: 최근 지진 사례 조사하기	■ 관찰책 정리가 잘 안된 경우에는 줌수업에서 복습을 통해 다시 한번 정리하도록 예시를 보여줄 것
평가 및 피드백	▸ 평가: 마무리 퀴즈에서 틀리면 다시 하고 관찰책 정리 ▸ 피드백: 등교수업 때 관찰책 검사 후 피드백	

TIPS

이 차시에서는 디지털교과서의 자료가 다양하지 못하므로 유튜브의 다양하고 실감나는 동영상들을 활용하는 것이 학습효과를 높일 수 있어서 수업자료로 병행했다.

화산 폭발 영상 모음 (https://www.youtube.com/watch?v=t-QbnKNs9uY)	

화산 활동이 우리 생활에 미치는 영향 (https://www.youtube.com/watch?v=JzfTFsxDldE)	

화산 활동의 피해 (https://www.youtube.com/watch?v=hnlo32UqyAo)	

6차시

성취기준	[4과 11-41] 지진 발생의 원인을 이해하고 지진이 났을 때 안전하게 대처하는 방법을 토의할 수 있다.
학습목표	• 지진이 발생하는 까닭을 알고 지진 피해사례를 말할 수 있다.
수업자료	• 지진 발생 모형 실험도구(우드록, 보안경), 유튜브 동영상

학습단계	학습내용	원격 방법 및 유의점
도입	▸ 선수 학습 상기 ▸ 동기유발) 지진 모습 살펴보기 ▸ 학습 활동 안내	▪ 유튜브 동영상 (https://www.youtube.com /watch?v=R_8NusFsbSw)
전개	▸ 활동1: 지진 발생 모형실험으로 지진 원인 알기 　-실험: 우드록을 수평으로 당기고 밀면서 변화 살피기 　-지진 발생 원인 알기	▪ 실험하기
	▸ 활동2: 지진 발생 모형실험과 실제 지진 비교하기 　-우드록은 짧은 시간 동안 가해진 힘에 영향을 받고, 실제 지진은 오랜 시간 동안 가해진 힘에 영향을 받음	▪ 유튜브 동영상 (지진 어떻게 발생하나) (https://www.youtube.com /watch?v=IsQoZyhzB_Q)
	▸ 활동3: 최근 지진 발생 피해 사례 알기 　-학습(지진 발생 피해 조사) 발표 　-지진 피해 사례 정리하기	▪ 과제제시형으로 조사학습해온 것 발표 ▪ 발표 들으며 정리(관찰책 47쪽)
정리	▸ 발표 듣고 난 소감 말하기	
평가 및 피드백	▸ 형성 평가(디지털교과서 마무리 퀴즈) ▸ 과제 학습 및 형성 평가에 따른 피드백	▪ 마무리 퀴즈: 93쪽 ▪ 제출 및 피드백: 조사 결과물은 카톡이나 밴드, 학급홈피 등에 제출하여 교사가 평가하여 피드백 하기

TIPS

등교 수업 일에는 가급적 실제 해보고 경험해야만 하는 주제(차시) 학습들을 실시한다. 6차시 실험은 매우 간단하여 다음 차시 수업과 묶어서 한 차시로 재구성하였다. 등교일에도 풍부한 온라인 학습자료들을 병행하여 학습 효과를 더 높일 수 있다.

과제 제시형, 인터넷 조사학습, 학급 밴드 활용 수업

성취기준	[4과 11－41] 지진 발생의 원인을 이해하고 지진이 났을 때 안전하게 대처하는 방법을 토의할 수 있다.
학습목표	• 지진이 발생했을 때 대처 방법에 따라 행동할 수 있다.
수업자료	• 컴퓨터나 스마트폰, 학급 밴드

학습단계	학습내용	원격 방법 및 유의점
도입	▶ 동기유발: 시작퀴즈 －시작 퀴즈의 생존가방 용도를 살펴보기	■ 디지털교과서 94쪽
전개	▶ 활동1: 지진 발생 시 대처법 조사하기 －스마트폰이나 컴퓨터를 활용하여 조사 　(지진 발생 전, 지진 발생 시, 지진 발생 후) －정리한 내용을 학급 밴드에 글쓰기하여 올리기(링크와 파일 첨부 가능)	■ 조사한 내용을 학급 밴드에 올리기
	▶ 활동2: 조사 내용 보고 댓글 달기 －잘된 점, 보완할 점 댓글 달기(동료평가)	■ 학급 밴드에 올라온 내용에 댓글 달기
정리	▶ 과제 지시	■ 학급 밴드에 과제 제시 －안전한 건물 모형에 대해 생각해오기
평가 및 피드백	▶ 교사 평가: 밴드에 올라 온 학생들의 과제 ▶ 동료 평가: 친구 과제에 달린 학생들의 댓글을 동료 평가로 활용한다. ▶ 피드백: 교사의 코멘트와 친구들의 댓글을 살펴보고 수정하여 다시 수정된 과제를 제출한다.	

TIPS

1. 장기적인 시간을 요하는 것은 프로젝트 학습으로 가능하나, 단기적인 과제는 학급 밴드나 학급 홈페이지를 활용하여 즉시 제출하고 피드백을 하는 것이 좋다. 또한 밴드 등을 활용할 경우 교사평가나 동료평가가 보다 객관화 되므로 공정성을 기할 수 있으며 즉각적인 피드백이 이루어지는 한편, 다른 친구들의 과제를 보며 많은 도움을 얻을 수 있다.

2. 4학년의 경우 '밴드'에 익숙하지 않은 학생들이 많으므로 사전에 밴드 다운 및 글쓰기, 과제 업로드하는 방법을 알려주는 것이 좋다.(14세 미만이므로 부모 이름으로 밴드 가입)

학급 밴드 활용, 과제 제시

4학년 5반 학급밴드

멤버 1　⊕ 초대

밴드 소개 설정 ›

밴드와 게시글이 공개되지 않습니다
초대를 통해서만 가입할 수 있습니다

⊗ 밴드 설정

김미자
　⊙ 지금막

4-2-4단원 지진과 화산 <과제 제시>
1. 지진 발생 시 대처법 조사하기
　- 스마트폰이나 컴퓨터를 활용하여 조사
　- 관찰책 48쪽에 조사한 내용 정리(지진 발생 전, 지진 발생 시, 지진 발생후)
　- 사진이나 동영상 링크 가능함(파일첨부 등)
2. 정리한 내용을 사진으로 찍어 학급 밴드에 올리기(실명으로 올리기)
3. 동료 평가: 친구들의 과제를 보고 댓글 달기(잘한 점, 미흡한 점, 보완할 부분 등)

학급 밴드 활용, 과제 제출 및 댓글 달기

4학년 5반 학급밴드

멤버 1　⊕ 초대

밴드 소개 설정 ›

밴드와 게시글이 공개되지 않습니다
초대를 통해서만 가입할 수 있습니다

⊗ 밴드 설정

김미자
　⊙ 지금막

4-5. 정지수
지진 발생 시 대처법(지진 발생시 행동 요령)- 출처: 안전한 tv
1. 집안에 있을 때
　- 튼튼한 테이블이나 책상 밑을 들어가 다리를 꽉 잡고 몸을 피한다.
　- 숨을 그고시 없다면 방석이나 이불 등으로 머리를 보호한다.
　- 가스렌지나 나로 등의 불을 끈다.
　더보기

김미자
　⊙ 집안과 집 밖으로 나누어서 정리를 잘함. 그러나 도시가 아닌 곳에서는 어떻게 해야하는지 보충 필요함.

8차시 등교 수업, 실험 실습

성취기준	[4과 11-41] 지진 발생의 원인을 이해하고 지진이 났을 때 안전하게 대처하는 방법을 토의할 수 있다.
학습목표	• 지진에 대한 안전모형건물을 설계하고 만들 수 있다. • 다른 모둠의 작품을 보고 평가할 수 있다.
수업자료	• 유튜브, 실험(실습)자료

학습단계	학습내용	원격 방법 및 유의점
도입	▸ 등교 인사 나누기 ▸ 동기유발: 지진 내진 설계 건물 보기 　-내진 설계가 된 건축물 동영상 보기 ▸ 활동 안내	■ 유튜브(내진 설계) (https://www.yout ube.com/watch?v =qAFb6Do5q6Q)
전개	▸ 활동1: 지진에 안전한 건물 모형에 대해 의견 나누기 　-지진에 흔들림이 적은 건물 　-충격을 잘 흡수하는 건물	■ 모둠별 협력학습 토론
	▸ 활동2: 지진에 안전한 건물 모형 만들기 실습 　-모형 설계하기 　-설계한 모형 만들기 　-책상 위에 놓고 책상 흔들어보기	■ 모둠별 실습 모형대로 설계하였으니 쉽게 무너진다면 재설계를 하여 다시 만들기
	▸ 활동3: 작품 발표 및 평가 　-작품 중 좋은 점과 개선점 이야기 나누기	■ 동료평가: 학습지를 활용하여 동료 평가 실시
정리	▸ 다음 차시 안내 및 과제 제시 　-프로젝트학습 마무리 활동에 따른 모둠별 수정 작업할 예정	■ 예고: 다음 시간은 줌 수업으로 모둠별 소회의실 작업 실시한다고 예고하기
평가 및 피드백	▸ 학습지에서 동료평가 의견을 살펴본 후 잘한 점과 개선점을 반영하여 모형을 만들어 수정한다.	

TIPS

8차시 수업은 등교 수업으로, 학습 활동에 대한 발표와 평가를 동시에 할 수 있어서 온라인 수업에서 미비한 동료평가를 보완할 수 있도록 설계하였다. 수업이 끝난 후 학습지(설계지와 동료평가를 실시한 학습지)를 걷어서 평가에 반영할 수 있다.

활동지

지진에 안전한 건물 모형 설계 및 평가

모둠원(   )

1. 모형 설계 및 설명

모형 설계 그림	그림 설명

2. 작품 평가

모둠(점수)	잘한 점 또는 개선할 점	모둠(점수)	잘한 점 또는 개선할 점
1		2	
3		4	
5		6	

줌수업, 소회의실, 협력적 프로젝트 활동

주제	모둠별 협력 프로젝트 학습 마무리하기
학습목표	• 프로젝트 학습을 협력하여 마무리할 수 있다.
수업자료	• 줌, 소회의실, 프로젝트 과제(세계 화산 활동과 그것을 활용하는 방법)

학습단계	학습내용	원격 방법 및 유의점
도입	▸ 출석 체크 ▸ 오늘 활동 안내 －모둠별 소회의실에서 프로젝트 결과보고서 작업	■ 줌 수업(전체 활동)
전개	▸ 활동1: 소회의실 활용법 안내 －소회의실은 교사가 만들어 놓은 곳으로 일괄 배정 －소회의실에서 해야 할 일 안내 및 주의점	■ 소회의실 진행을 위해 소회의실 팀장을 정하면 효율적임.
	▸ 활동2: 모둠별 협력적 프로젝트 활동 마무리 작업(소회의실) －개인별 작업 확인 －수정 보완사항 확인 －자료 찾고 보완하기	■ 소회의실(모둠별 활동)
	▸ 활동3: 교사의 점검 －줌 수업으로 학생 전체 모으기 －진행 상황 확인하기 －완성팀과 미완성팀에 따른 코멘트	■ 줌 수업(전체 활동)
정리	▸ 다음 차시 안내 －화산과 지진 정리 및 지필 시험 예고	
평가 및 피드백	▸ 피드백: 소회의실 활동 상황 점검 후 코멘트로 피드백을 대신함.	■ 소회의실에서 모아진 의견으로 동료평가 자료 활용

TIPS

1. 줌수업에서 소회의실을 잘 활용하면 모둠별 수업을 본격적으로 진행할 수 있다. 그러나 온라인 소회의실 활동에 익숙하지 않은 학생들이 있으므로, 교사는 모둠별 소회의실을 자유롭게 드나들며 진행 상황을 점검할 필요가 있다.
2. 3부 원격 수업 도구에서 Zoom 활용 방법 참조.

10차시		**학급 밴드를 활용한 과제 탑재**

성취기준	[4과 11-03] 화산 활동과 지진활동이 우리 생활에 미치는 영향을 정리할 수 있다.
학습목표	• 화산과 지진에 대한 개념을 정리할 수 있다.
수업자료	• e학습터 또는 ebs 온라인클래스, 컴퓨터(스마트폰), 관찰책

학습단계	학습내용	원격 방법
도입	▶ 학습활동 안내 ▶ 동기유발: 마인드맵 그리기 동영상 보기 　－주제 정하기	■ 유튜브(작은형의 공부발전소) 마인드맵 기초 그리기 (https://www.youtube.com/user/MrLBstudio) ▶
전개	▶ 활동1: 화산과 지진 정리 동영상 보기 　－마인드맵으로 정리 　－주 가지에 넣어야 할 것을 정하고 그와 연관된 낱말들을 주가지 밑으로 그려 넣는다.	■ 유튜브(작은형의 공부발전소) 화산과 지진 정리 마인드맵 (https://www.youtube.com/watch?v=UfYInaeS1jg) ▶
	▶ 활동2: 화산과 지진 정리하기 　－관찰책 50-51쪽 　－정리한 것을 사진 찍어서 학급밴드에 올리기	■ 학급 밴드에서 과제물 보고, 과제물 탑재
정리	▶ 과제 제시 　－학급 밴드에 올라온 친구들의 단원 정리 과제를 보고 댓글 달기(동료 평가로 활용함) ▶ 다음 차시 안내 　－프로젝트 활동 결과 발표 준비하기	■ 학급 밴드에 댓글로 동료평가 실시 ■ 교사 평가(탑재된 과제물로 실시)
평가 및 피드백	▶ 과제물에 대한 댓글로 동료평가 실시, 과제물에 대해서는 교사평가를 실시하며 피드백 제공	

단원 정리는 소홀히 다루기 쉬우나, 단원에서 마지막 피드백이 이루어지는 과정이므로 좀 더 철저하게 실행하는 것이 필요하다. 단원정리는 마인드맵으로 진행한다.

✎ 예 마인드맵으로 정리하기

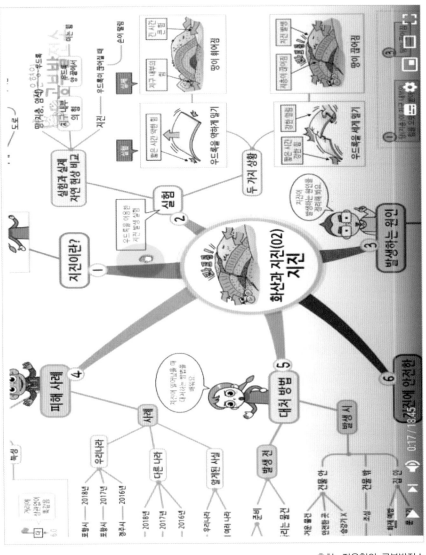

출처: 작은형의 공부발전소

〈'화산과 지진' 단원 정리〉 - 학급 밴드 게시 글

글쓰기

B / U S

<화산과 지진 정리>
이번 학습은 화산과 지진 단원을 통해서 배운 것들을 정리하는 수업입니다. 다음 동영상을 보고 관찰책에 '화산과 지진 단원 정리를 해보세요.
1. 마인드맵 그리기 기초 동영상 보기
https://www.youtube.com/user/MrLBstudio

작은형의공부발전소
그림으로 쉽고 재미있게 공부해요~

www.youtube.com

2. '화산과 지진' 마인드맵 정리 동영상 보기
https://www.youtube.com/watch?v=UfYInaeS1jg

화산과 지진(02)_4학년 2학기_과학_초...
제작 공부발전소 http //cafe naver com/mindmapper

www.youtube.com

3. 관찰책 정리하여 사진 찍어서 올리기
3. 친구들 관찰책 정리한 것에 댓글달기
　1) 1인당 10개 이상 달기
　2) 각 1번, 4번은 1-10번 학생에게, 각 2번과 7번은 11-20번 학생에게, 3번과 8번은 21-끝번호 학생에게 댓글 달기, 나머지 학생은 자유롭게 달기

줌수업을 통한 프로젝트 학습 활동 결과 발표

주제	• 프로젝트 학습 발표 및 평가하기
학습목표	• 프로젝트 학습을 발표하고, 동료평가를 할 수 있다.
수업자료	• 줌수업, 프로젝트 학습 발표물(ppt 또는 한글 문서 등)

학습단계	학습 내용	원격 방법 및 유의점
도입	▶ 출석 체크 ▶ 동기유발: 프로젝트 학습 발표 순서 정하기 게임	■ 학급밴드에서 활동지 다운받기 ■ 순서 정하기
전개	▶ 활동1: 프로젝트 발표 활동 안내 　－발표 방법 안내 　－학습지 작성 안내	■ 줌 수업(교사 주도) 　－교사 주도하에 전체 줌 수업 　－학습지를 화면공유하여 설명 zoom
	▶ 활동2: 프로젝트 학습 발표 및 평가 　－모둠별로 발표하기 　－나머지 학생들은 질문 및 동료평가하기 　－궁금한 것은 질문을 통해 해결하기	■ 줌 수업(학생 주도) 　－모둠 대표 학생 발표 　－발표를 들으면서 동료 평가 zoom
	▶ 활동3: 발표를 보고 소감이나 느낌 발표 　－준비하면서 어려웠던 점, 배운 점, 느낀 점 등 발표하기	■ 줌 수업(교사) 　－줌 수업으로 화면을 공유하며 발표를 할 경우 오히려 전달력이 더 좋아짐. zoom
정리	▶ 프로젝트 활동 결과에 대한 교사평	
평가 및 피드백	▶ 평가는 활동지와 교사평으로 하기 ▶ 각 모둠에서는 활동지의 평가를 받아 피드백으로 활용하기	■ 활동지를 사진 찍거나 파일을 다운받아 작성 후 학급밴드에 탑재하기 ■ 활동지 공유를 통해 다른 모둠의 작품과 평가를 읽어보며 자기 성찰하기

 **TIPS**

학급 밴드를 활용하여 프로젝트 활동지 다운 및 결과지를 제출한다.

4학년 5반 학급밴드

멤버 1 · ⊕ 초대

밴드 소개 설정 >

밴드와 게시글이 공개되지 않습니다. 초대를 통해서만 가입할 수 있습니다.

⚙ 밴드 설정

김미자

◉ 6분 전

<프로젝트학습 활동 결과 발표>
1. 프로젝트학습 활동지 다운 받기
2. 동료 평가하기
3. 평가지 올리기(학급 밴드에)
4. 발표한 자료 올리기

 파일
프로젝트 학습 활동지.hwp

프로젝트 학습 활동지

프로젝트 학습 활동지

(   )번 이름(   )

모둠 (점수) 제목 점수(10점)	우수한 점	미비한 점 (보완해야 할 부분)
1		
2		
3		
4		
5		
6		

제**8**장　　매체를 활용한 글쓰기 수업

4학년 2학기 국어　　**4. 이야기 속 세상**

❶ 단원 개관

　　이 단원의 목표는 이야기의 구성 요소를 이해하며 글을 읽도록 하는 것이다. 이 단원에서는 학생들이 인물, 사건, 배경이 무엇인지를 익히고, 실제로 이야기를 읽고 그것들을 파악해보는 활동을 중점적으로 다룬다. 단원의 학습 목표를 달성하기 위해, 읽어본 경험 말하기, 인물 사건, 배경을 생각하며 이야기 읽기, 인물의 성격을 짐작하며 이야기 읽기, 사건의 흐름을 생각하며 이야기 읽기, 이야기를 꾸며 책 만들기와 같은 활동을 순차적으로 다루고 있다.

　　이 단원의 활동으로 학생들은 이야기의 구성 요소를 이해하며 글을 읽는 능력을 기를 수 있다. 이야기의 구성 요소인 인물, 사건, 배경을 이해하면서 이야기를 읽으면 줄거리나 주제 등 전체 이야기를 조감할 수 있다. 이 과정에서 재미나 감동을 느끼며 작품을 감상하는 태도와 자신감을 가지고 자신의 글을 적극적으로 나누는 태도를 지니게 될 것이다.

2 원격수업에 따른 교육과정 재구성

가. 단원 목표

기존 교과서에서 이 단원은 다양한 이야기 글을 읽고 인물, 사건, 배경을 이해하고 찾을 수 있게 구성되어 있다. 그러나 재구성에서는 「백설공주」라는 단일 텍스트를 기본으로 인물, 사건, 배경을 이해하고 이를 바탕으로 다양한 매체를 활용하여 '패러디'나 '새로운 이야기'를 창작하도록 하였다.

나. 단원 성취기준

[4국05-02] 인물, 사건, 배경에 주목하며 작품을 이해한다.
[4국03-05] 쓰기에 자신감을 갖고 자신의 글을 적극적으로 나누는 태도를 지닌다.

다. 교육과정 재구성

1) 재구성 이유

이 단원은 이야기 속으로 들어가 인물, 사건, 배경을 파악하고 그것을 바탕으로 이야기책을 만드는 과정을 담고 있다. 여기서는 인물, 사건, 배경을 파악하기 위해 다양한 텍스트가 나오는데, 그 각각을 읽다 보면 읽을 분량이 많아져서 수업 시간에 학생들의 활동 시간이 줄어들 수밖에 없는 한계를 지니고 있다. 따라서 이 단원에서는 다양한 텍스트 대신에 학생들 모두가 잘 알고 있는 「백설공주」를 단일 텍스트로 정해서 인물, 사건, 배경을 파악하고 그것과 연계하여 이야기를 만드는 것으로 구성하였다. 「백설공주」를 텍스트로 정한 이유는 모두가 잘 알고 있다는 이유뿐만 아니라 지구상에서 가장 많은 패러디를 갖고 있는 이야기라서 학생들에게 흥미를 불러 일으키기에 충분하기 때문이다.

또한 이 단원의 마지막 차시는 '이야기책 만들기'인데, 이야기책은 활자로 표현해야 한다는 고전적인 표현방식에서 벗어나 학생들에게 매체 선택권을 주어 가장 잘 표현할 수 있는 매체를 통해 이야기를 만들어 보게 하였다.

2) 재구성 내용

재구성 전		재구성		
차시	차시별 학습 내용	차시	차시별 학습 내용	원격수업방법
1−2	• 단원 도입 • 이야기를 읽어 본 경험 말하기 • 단원 학습 계획 하기	1	▶ 단원 내용 살펴보기 ▶ 기억에 남는 이야기를 읽어 본 경험 말하기 ▶ 「백설공주」 이야기 동영상 보고 인물, 사건 배경 찾기 　− 동영상 보기 　− 인물, 사건, 배경 찾고 이야기 나누기 ▶ 프로젝트 학습에 대한 설명 듣기 　1) 주제: 우리만의 이야기 만들기 　2) 장르: 자유 　3) 표현 매체 선정: 자유(영상 제작, 만화, 줄글, 역할극 등) ▶ 과제 안내	■ 등교수업 ■ 「백설공주」 동영상보기 [공주이야기] 백설공주 https://www.youtube.com/watch?v=QNsHNjtNQAI ■ 과제 제시 　− 이야기 만들기 작업 계획 세우기 → 활동지 배부 　(미리 생각해보기)
		2	▶ 줌수업 체크 　− 출석 체크 　− 과제) 이야기 만들기 진행 정도 체크 및 간략한 발표 ▶ 이야기 속에서의 인물, 사건, 배경 찾기 　− 「사라 버스를 타다」를 읽고 인물 사건 배경 찾기 　− 국어책(116−124쪽) 읽고, 물음(125−126쪽)에 답하기	■ 줌수업 　− 개별 활동: 책 읽고 물음에 답하기 ■ 줌수업(화면공유) 　− 문제 답 맞추기

재구성 전		재구성		
차시	차시별 학습 내용	차시	차시별 학습 내용	원격수업방법
3-4	• 인물, 사건, 배경에 대해 알기 • 인물, 사건, 배경을 생각하며 이야기 읽기		‣ 출석 체크 ‣ 인물의 성격을 짐작하며 이야기 읽기 　－「우진이는 정말 멋져」 읽고 (133－135쪽) 하기 　－ 물음에 답 맞추기	■ 줌수업 zoom
		3	‣「백설공주」 패러디 작품 보기 　－ 다양한 동영상 보기 　－ 인물, 사건, 배경이 어떻게 바뀌었는지 이야기 나누기	■「백설공주」 패러디 동영상 1) 굽네 치킨과 백설공주 https://www.youtube.com/watch?v=rKMo9tU6Ysw 2) 백설공주vs엘사 랩배틀(2분20') http://bitly.kr/gVe8Y1pj2eL 3) 마크 징데렐라(6분47') https://www.youtube.com/watch?v=syPqAKpmSGA
		4	‣ 줌수업 출석 체크 ‣ 프로젝트 학습지 작성 안내 　－ 프로젝트 학습지 화면공유하며 작성 방법 설명 ‣ 프로젝트 학습지 작성하기 　－ 제목 　－ 등장 인물, 사건, 배경 　－ 매체 선정 　－ 역할 배정 　－ 제작 방법 등 ‣ 과제 안내 　1) 작성 후 학급 밴드에 탑재	■ 줌수업(등교수업도 가능)(줌수업일 경우 아래 순서대로) zoom ■ 전체 줌수업 ■ 모둠별 줌수업 (소회의실) ■ 학급 밴드

재구성 전		재구성		
차시	차시별 학습 내용	차시	차시별 학습 내용	원격수업방법
			하기 2) 친구들 학습지 읽고 댓글로 의견 달기	– 활동지 탑재 – 댓글로 의견 달기 **과제제시형** ■ 과제 제시 – 댓글 보고 활동지 내용 수정 보완해서 등교일에 가져오기
5–6	• 인물의 성격을 짐작하며 이야기 읽기	5	▶ 우리가 만든 이야기 표현 방법 이야기 나누기 – 동영상, 웹툰, 글 이야기, 뮤직비디오, ppt 등 ▶ 동영상 편집 기능 익히기 – 곰프로믹스, 무비메이커 등 동영상 편집 프로그램	■ 줌수업(전체학습) – (20분) **zoom** ■ 줌 화면공유(유튜브에서 동영상 편집 프로그램)
		6	▶ 시간의 흐름을 생각하며 이야기 읽기 – 「젓가락의 달인」 읽고 물음에 답하기(136–145쪽) ▶ 모둠 학습(소회의실) – '모둠별 이야기 만들기 프로젝트 학습' 관련하여 등교수업에서 논의할 부분 정리하기	■ 줌수업(전체) **zoom** ■ 줌(소회의실) – (20분) – 필요할 경우 모둠별로 협의 시간 연장 가능
7–8	• 사건의 흐름을 생각하며 이야기 읽기	7	▶ 모둠(또는 개인) 작업 과정 확인하기 – 담임 교사가 프로젝트 학습 진행 정도 파악하기 – 진행 상황에 따른 코멘트 하기 ▶ 모둠 협의하기 – 담임선생님과 협의하는 동안 다른 모둠은 모둠 작업 협의하기	■ 등교수업 **등교수업** ■ 담임 코멘트 (피드백으로 활용)

재구성 전		재구성		
차시	차시별 학습 내용	차시	차시별 학습 내용	원격수업방법
9-10	• 이야기를 꾸며 책 만들기 • 단원 정리	8-9	▸ 모둠별 소회의실 수업을 위한 사전 준비 ▸ 이야기 만들기 진행 상황 파악하기 　- 각 모둠별 진행 상황 파악하기 　- 독려와 칭찬으로 작업 능률 올리게 하기 ▸ 모둠 작업하기 　- 줌 소회의실에서 개별 작업 　- 담임이 소회의실 순시하며 중간점검 및 지원	■ 줌수업(전체) zoom ■ 줌(소회의실)
		10	▸ 작품 발표 및 평가 　- 작품 발표 순서 및 방법 안내 　- 평가지 작성 안내 　- 작품 발표 및 감상	■ 등교수업 (등교수업이 어려울 경우에는 줌수업 가능) 등교수업 ■ 줌수업으로 할 경우 화면공유로 발표 후 평가지 작성하여 밴드에 탑재

❸ 수업 사례

1차시 등교수업, 단원 수업 흐름 안내, 프로젝트 수업 안내

성취기준	[4국05-02] 인물, 사건, 배경에 주목하며 작품을 이해한다.
학습목표	이야기를 읽어본 경험을 말할 수 있다.
수업자료	유튜브 동영상, 프로젝트 학습 활동지

학습 단계	학습 내용	원격 방법 및 유의점(유)
도입	▶ 동기유발 　－ 요즘 읽고 있는 책이 무엇인가? 　－ 읽은 책 중에 가장 재미있었던 책은 무엇인가? 　－ 학습 목표 및 활동 안내 ▶ 학습 목표: 이야기를 읽어본 경험을 말할 수 있다. ▶ 학습 활동 안내 　－ 활동1) '기억에 남는 이야기' 나누기 　－ 활동2) 「백설공주」 읽어본 경험 나누기 　－ 활동3) 프로젝트 학습 안내하기	■ 등교수업
전개	▶ 활동1) '기억에 남는 이야기' 경험 나누기 　－ 가장 인상 깊었던 책은 무엇인가? 　－ 왜 그 책이 가장 인상적이었나? ▶ 활동2) 「백설공주」 읽어본 경험 나누기 　• 읽기 전(영상 보기 전) 활동 　　1) 어떤 이야기인가? 　　2) 「백설공주」에서 가장 인상 깊었던 장면은 무엇인가? 　• 「백설공주」 동영상 보고 이야기 나누기 　　1) 등장인물은 누구인가? 　　2) 배경은 언제, 어느 곳인가? 　　3) 어떤 일들이 일어나고 있는가?	■ 「백설공주」 동영상 보기 　【공주이야기】 　백설공주(12분) 　https://www.youtube.com/watch?v=QNsHNjtNQAI (유) 「백설공주」를 메인 텍스트로 정한 이유: 「백설공주」는 지구상에서 가장 많이 패러디가 된 이야기로, 누구에게나 쉽고, 다양하게 접근할 수

학습 단계	학습 내용	원격 방법 및 유의점(유)
		있는 이야기임.
	▶ 활동3) 프로젝트 학습 안내 1) 주제: 우리만의 이야기 만들기 2) 기간: 4단원 수업하는 동안 3) 이야기 장르: 자유 4) 모둠 구성: 제한 없음. 5) 표현 매체 선정: 자유(영상 제작, 만화, 줄글, 역할극 등) ▶ 과제 안내	■ 과제 제시 1) 이야기 만들기 작업 계획 세우기 → 활동지 배부 (미리 생각해보기) 2) 모둠 구성하기 　– 학급 밴드에 이야기 만들기를 구성하여 올린 후, 댓글로 참가자 모집하기
정리	▶ 프로젝트 학습에서 모둠별 협력의 중요성 이야기 나누기 ▶ 학급 밴드 안내	■ 학급 밴드 링크 걸어 보여주고 글 올리기, 댓글 달기 등 설명
평가 및 피드백	▶ 학급 밴드에 들어가 댓글 확인 후 모둠을 조직하는데 어느 한 쪽이 편중되지 않도록 교사가 개입할 수 있다.	

1차시 자료　　**학급 밴드를 활용한 모둠원 모집 예시글**

4학년 5반 학급밴드

멤버 1　⊕ 초대

밴드 소개 설정 ›

밴드와 게시글이 공개되지 않습니다
초대를 통해서만 가입할 수 있습니다

⚙ 밴드 설정

김미자
🕐 지금막

참가자 모집 예시)
이야기 만들기 팀원을 모집합니다.
- 제목: 백설공주와 방탄소년단
- 인원: 팀장 포함하여 4-5명
- 장르: 뮤직비디오
- 모집 분야: 촬영, 글쓰기, 동영상 편집 등
- 자격: 방탄소년단에 대해 관심이 많은 사람
- 참고) 방탄소년단 자료를 많이 가지고 있으면 팀원 선발에 우선권 있음

댓글 2　⌃

　　☺ 표정짓기　　　　　　　　💬 댓글쓰기

　　⚫ 김혜선) 신청합니다. (자료 많이 가지고 있어요)
　　지금막 · 표정짓기 · 답글쓰기

　　⚫ 신준호) 촬영이라면 좀 자신있습니다. 신청합니다.

이야기 제목			
참가자			
표현 매체			

시놉시스	인물			
	배경			
	사건	(1)		
		(2)		
		(3)		
	줄거리			

역할 (글, 자료 찾기, 그림, 촬영, 편집 등)	이름	역할	이름	역할

프로젝트 학습 활동지

( )번 이름( )

1. 동료평가

모둠 (점수)	발표 제목 (점수. 10점)	우수한 점	미비한 점 (보완해야 할 부분)
1 ( )점			
2 ( )점			
3 ( )점			
4 ( )점			
5 ( )점			
6 ( )점			

자기 평가지 1. 동료 작품을 본 소감 느낌 2. 이 작업을 하고 난 소감	

1) 만화로 표현

2) 동영상 제작	3) 역할극을 통한 동영상 제작
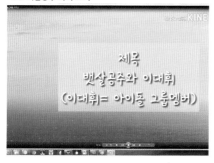	

4) 이야기책 만들기

♣ 이야기책 만들 준비

○ 컷 그림 논의하기
  - 컷 담당자는 어느 부분에 컷 그림이 들어가면 좋은지에 의견 제시하기
  - 친구들과 의견 개진하여 초안 결정하기

빨간 모자의 진실 (최선우)

어느날과 다를 것이 없는 저녁 6시였어요. 하늘이
딱 어둠컴컴기 시작했고 술속에는 다니는 사람들도
보면 좋았어요. 하지만, 깊은 술속에 있던 늑대네 집
에는 활기가 넘쳤죠. 이때, 늑대의 집에서
"엄마! 오늘 학교에서 무엇을 배웠는지 아세요?"
하는 소리가 들렸죠. 학교에 막 입학한 단대, 셋째
늑대의 목소리였죠.
엄마는 바로 대답했어요.
"그래, 우리 아들. 무엇을 배웠니?"

Intro

♪ ♫♫♪ │ ♪♫♫♪♪ │ ♫♫♪ │ ♪♫♫…"
나 혼자 사는 이 집에서 피아노 소리가 나는 것은 이제 놀랍지도 않다.
"끼이익… 끼익…끼이익이이이익…"
늦은 밤중에 나는 문 여닫는 소리도 이제는 지겹다.
"죽어버려…죽어버려…죽어버려"
죽으라고 모이지 않는 누군가가 내 옆에서 저주하는 소리도 이제는 당연해졌다

지금부터 시작합니다…

5) 동영상 제작과정

다시 쓴 백설공주

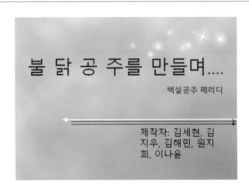

불 닭 공 주 를 만들며….
백설공주 패러디

제작자: 김세현, 김
지우, 김해민, 원지
희, 이나윤

불닭공주 제작과
정

불닭공주(4-4)

불닭공주를만들
며

소감

제9장   만들어가는 도덕 랜선 플리마켓 수업

6학년 2학기 도덕   우리가 만드는 도덕수업1

내 힘으로 일어서서 우리 모두의 행복을 위해

◼ 단원 개관

이 단원은 학생들이 스스로 자신을 발전시키면서 동시에 행복한 세상을 만들어 나가는 데 필요한 역량과 기능을 기르는 것에 중점을 두고 통합적으로 접근하는 단원이다.

이 단원에서는 만들어 가는 도덕 수업을 추구하는 관계로 학생들이 스스로 학습 계획을 세워 문제를 해결하는 프로젝트 수업을 실시한다. 학생들이 윤리적 성찰을 하여 자주적이고 봉사하는 삶을 살았는지 성찰하고 이를 바탕으로 스스로 봉사하도록 구성하였다.

이 단원은 자율형으로서의 성격을 지니고 있으므로 교과서 및 지도서를 참고하되 실제 학교 현장의 학급에서는 교사 및 학생들의 주된 관심과 여건을 고려하여 얼마든지 그에 맞는 창의적인 수업을 전개해 나갈 수 있다.

이 단원의 활동으로 학생들은 나눔과 봉사를 경험하게 되고 더불어 살아가는 사회에서 나눔의 참된 의미를 이해할 수 있을 것이다. '나눔은 습관'이라는 말처럼 어린 시절의 나눔의 경험이 성인이 되어서도 이어지므로, 우리 사회가 좀 더 따뜻하고 행복해질 수 있도록 작은 나눔을 실천할 수 있는 태도를 지니게 될 것이다.

❷ 원격수업에 따른 교육과정 재구성

가.   단원 목표

    코로나와 수해로 힘들어하는 이웃을 돕기 위한 기부 플리마켓이다. 나눔과 봉사의 의미를 내면화하고 성찰할 수 있는 프로젝트 활동이다. 랜선 플리마켓 활동을 통해 나눔과 봉사를 자주적으로 실천하는 태도를 가질 수 있다.

    준비과정에서 의사소통역량, 자기관리역량, 세계시민역량을 기를 수 있다.

나.   단원 성취기준

    [6도02-03] 봉사의 의미와 중요성을 알고, 주변 사람의 처지를 공감하여 도와주려는
                 실천 의지를 기른다.
    [6도02-01] 사이버 공간에서 발생하는 여러 문제에 대한 도덕적 민감성을 기르며, 사
                 이버 공간에서 지켜야 할 예절과 법을 알고 습관화한다.

다.   교육과정 재구성

1) 재구성 이유

    이 단원은 나눔과 봉사를 실천하는 '재능기부'와 '나눔 장터' 두 개의 활동으로 구성되어 있다. 우리가 만들어가는 도덕 단원의 목적에 맞게 학생들이 주도적으로 수업을 계획하고 실천하기 위해서는 시간을 충분히 제공할 수 있도록 한 가지 활동에 집중하는 것이 적절하다. '나눔 장터' 활동을 4차시로 계획하여 학생들이 스스로 계획하고, 실행하고, 평가까지 진행하는 프로젝트 수업으로 구성하였다. 코로나로 인해 원격수업과 등교수업을 병행하는 상황을 염두에 두고, 온라인 플랫폼을 활용하는 '랜선 플리마켓' 형태로 설계되었다.

2) 재구성 내용

차시	재구성 전: 교육부 교사용 지도서 참조 차시별 학습 내용	차시	재구성 차시별 학습 내용	원격수업방법 활용 구
1차시	〈활동계획 세우기〉 ▶ 자신의 재능을 나누고 봉사하려는 마음 갖기 ▶ 재능을 발전시키면서 나눔과 봉사실천 활동 계획 세우기	1차시	▶ 나눔과 봉사의 마음갖기 – 작은 힘1, 2 시청하기 ▶ 기부 랜선 플리마켓 안내 – 프로젝트 카드 제시 – 코로나로 힘든 이웃과 수재민 돕기 – 플리마켓 계획하기 ▶ 과제 안내 – 플리마켓 규칙 제안 – 판매할 물건, 아이디어 구상	■ 등교수업 ■ 유튜브 –작은 힘 1, 2영상 ■ 프로젝트 문제카드 ■ 구글설문지 –과제제시 및 수합
2차시	〈첫 번째 과제 실행하기〉 ▶ 재능탐색하기 ▶ 재능나눔 실천 계획 세우기 ▶ 실행 결과 발표 및 다음 활동 의논하기	2차시	▶ 랜선 플리마켓 운영 규칙 – 플리마켓 규칙 확정 – 공정거래위원회 구성 ▶ 팀별 플리마켓 계획하기 – 판매 물건 선정하기 – 물건 가격 결정하기 – 이벤트 및 판매전략 계획 ▶ 과제안내 – 판매물건 홍보포스터 제작	■ zoom(전체회의 소회의실) ■ 온라인 도구 안내 –글씨팡팡
3차시	〈두 번째 과제 실행하기〉 ▶ 재능나눔활동하기 ▶ 재능나눔활동 결과 발표하기 ▶ 나눔장터 준비하기	3차시	▶ 랜선 플리마켓에 물건 올리기 – 물건 홍보포스터 올리기 ▶ 물건 둘러보기 – 플리마켓 둘러보기 – 흥정하기, 댓글 달기 ▶ 영상 시청 – 나눔은 부메랑이 되어온다	■ 패들렛 ■ 유튜브 나눔의 법칙 6화

재구성 전: 교육부 교사용 지도서 참조		재구성		
차시	차시별 학습 내용	차시	차시별 학습 내용	원격수업방법 활용 구
4차시	〈세 번째 과제 실행하기〉 ▸ 세 번째 과제 실행하기 ▸ 나의 성찰영상 만들기 ▸ 성찰 발표회 열기	4－5 차시	▸ 교실에서 플리마켓 열기 － 물건 사기 － 인기 물건 경매하기 ▸ 기부할 곳 정하기 ▸ 과제제시 － 수업 성찰하기	■ 등교수업 등교수업 ■ 구글설문지

🖪 수업 흐름

1차시　　　　**등교수업, 단원 수업 흐름 안내, 프로젝트 수업 안내**

성취기준	봉사의 의미와 중요성을 알고, 주변 사람의 처지를 공감하여 도와주려는 실천 의지를 기른다.
학습목표	• 나눔과 봉사의 마음 갖기 • 프로젝트 계획 세우기
수업자료	유튜브 동영상, 프로젝트 문제 영상, 문제카드

학습 단계	학습 내용	원격 방법 및 유의점(유)
도입	▸ 동기유발 － ○○하는 사람이 건강하다? － ○○은 무엇일까요? － 기부를 하면 왜 오래 살까요?	 기부한 사람의 혈관 속 건강물질
전개	▸ 활동1) 나눔과 봉사의 마음 갖기 － 작은 힘1(지시채널)시청 － 가장 인상 깊었던 장면은 무엇인가?	▶ 작은 힘1 지식채널e

학습 단계	학습 내용	원격 방법 및 유의점(유)
	− 기부를 하면 행복한 사람은 누굴까? − 기부했던 경험 나누기	
	▸ 활동2) 랜선 플리마켓 문제파악하기 − 랜선 플리마켓 문제제시 영상 − 랜선 플리마켓 문제카드 제시 − 랜선 플리마켓을 여는 목적은 무엇인가요? − 랜선으로 하는 이유는 무엇일까요? − 랜선 플리마켓을 하면 무엇이 좋을까요? − 우리가 해야 할 일은 무엇일까요? − 어떤 마음으로 해야 할까요?	▪ 랜선 플리마켓 문제제시 − 문제출발점 영상 − 문제카드 ※ 플리마켓을 의무적으로 해야하는 것이 아니라 학생들이 나눔의 동기와 목적을 충분히 공감할 수 있도록 안내한다.
	▸ 활동3) 랜선 플리마켓 운영규칙 정하기 − 적절한 가격 범위는? − 판매물건의 종류와 이벤트는? − 판매할 물건의 개수는? − 공정거래위원회 구성은? − 운영팀을 구성해야 하는가?	※ 플리마켓의 운영규칙의 항목과 내용은 학생들이 스스로 정하여 운영하도록 한다.
정리	▸ 과제안내 − 랜선 플리마켓 운영규칙 구글설문지하기 − 플리마켓에서 판매할 물건, 이벤트선정 ▸ 다음 시간은 zoom으로 수업합니다.	▪ 구글 설문지 ※ zoom수업을 위한 온라인 도구 사용 안내하기
평가 및 피드백	▸ 나눔과 봉사의 의미를 알고 있는가? ▸ 랜선 플리마켓의 문제파악이 되어 있는가?	

1차시 자료 작은 힘1 지식채널e, 랜선 플리마켓 영상, 구글 사이트도구로 프로젝트 관리

작은 힘1, 2 지식채널e (https://www.youtube.com/watch?v=ZNjRxtDBSgc&t=51s)	
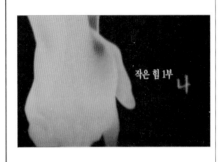	423쌍의 장수부부들의 오래 사는 비결을 5년 동안 관찰한 결과, 마침내 발견된 공통점 하나가 있다. 정기적으로 봄이 불편하거나 가족이 없는 사람들에게 봉사를 한다. 다른 사람을 도우면 '헬퍼스 하이'라는 물질이 나와 혈압을 안정시키고, 대가 없이 봉사하면 면역호르몬이 나온다는 연구결과가 있다. 남에게 주는 동안, 나에게 일어나는 변화는 결국 나에게 도움을 준다는 반전을 다룬 영상이다.
랜선플리마켓 프로젝트 문제제시 영상 (https://www.youtube.com/watch?v=6IN3eCaTyAg)	
	랜선 플리마켓은 원격으로 이루어지므로 학생들의 동기를 지속시키고 프로젝트의 이해를 돕기 위해 파우툰으로 영상을 제작하였다
구글 사이트 도구로 프로젝트를 효율적으로 운영	
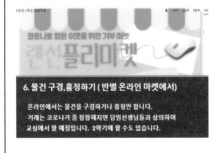 구글 사이트 제작 초간단 알아보기 (https://www.youtube.com/watch?v=AkCFXpdidOI)	원격수업에서 수업 기간이 2주 이상의 프로젝트의 효율적인 운영을 위해 구글 사이트 도구에 수업의 단계별 활동 안내와 콘텐츠를 제공하는 프로젝트 종합사이트를 제작하는 것을 권한다. 원격수업에서 날짜별로 프로젝트 활동을 일일이 올리는 경우, 흐름을 놓치게 되면 따라 오기 힘들다. 프로젝트별로 단계별 활동을 게시한 구글 사이트 도구의 주소만 제공해 주면 전체 흐름을 한눈에 볼 수 있는 장점이 있다. 구글 계정만 있으면 빠르고 쉽게 제작이 가능하다.

랜선 플리마켓 계획서

프로젝트명	랜선 플리마켓
팀원	
문제핵심 파악하기	
문제카드를 통해 알게 된 사실 적기	
플리마켓에서 판매할 물건	
플리마켓 이벤트	
플리마켓 수익금으로 기부하고 싶은 곳	

성취기준	봉사의 의미와 중요성을 알고, 주변 사람의 처지를 공감하여 도와주려는 실천 의지를 기른다.
학습목표	• 랜선 플리마켓 계획세우기 • 랜선 플리마켓 활동하기
수업자료	zoom, 패들렛, 구글사이트, 구글설문지, 유튜브

학습 단계	학습 내용	원격 방법 및 유의점(유)
도입	▶ 출석 및 건강 확인 　- 출석부르기 　- 건강확인하기 ▶ 온라인 수업 에티켓 선서하기 ▶ 학습안내 　- 활동1(전체회의) 　　플리마켓 규칙 투표 결과 안내 　- 활동2(소회의실) 플리마켓 계획하기 　- 활동3(전체회의) 플리마켓 계획 발표	■ zoom수업 사용안내 ※ 온라인 수업에서 지켜야 할 에티켓을 매시간마다 강조하여 사이버상의 문제를 예방한다.
전개	▶ (활동1) 플리마켓 운영규칙 및 투표 결과 안내 　- 구글설문결과 발표하기 　- 보충하거나 수정할 내용 토의하기 　- 공정거래위원의 역할 및 담당자 정하기	■ 구글설문 결과 그림그래프
	▶ (활동2) (소회의실) 플리마켓 계획하기 　- 개인별 판매할 물건 발표하기 　- 팀에서 진행할 이벤트 정하기 　- 판매전략, 홍보전략 계획하기	※ 사회자와 기록자의 역할을 정하여 토의가 원활하도록 준비한다. 교사는 소회의실을 순회하면서 팀활동관리와 피드백을 제공한다.
	▶ (활동3) 발표하기 　- 랜선 플리마켓 운영계획 발표하기 　- 발표에 대한 상호 피드백하기	※ 플리마켓의 판매물건과 이벤트의 실현가능 여부와 감염의 문제가 있는지 판단하여 피드백한다.
정리	▶ 과제안내 　- 판매할 물건 홍보포스터 만들기 　- 패들렛에 올리기	■ 패들렛
평가 및 피드백	▶ 팀토론에 적극적으로 참여했는가? ▶ 수업을 위한 과제를 수행했는가?	

온라인 수업을 위한 에티켓 약속하기

슬기로운 Zoom 수업 / 약속

1. 참석자 이름은 실명으로 수정
2. 질문 시간 외에는 마이크 스스로 음소거
3. 비디오를 항상 켜놓을 것 – 얼굴을 보여주기
4. 발표할 때, 조금 큰 소리로 ~ (헤드셋)
5. 수업시간 물, 음료, O.k / 음식 섭취 No!
6. 수업시간 **자리이동 No!**
7. 발표자 및 교사의 질문에 **적극적인 반응**
   채팅 / 동작 – 고개를 끄덕, 오케이 싸인
8. **채팅창**은 발표와 질문, 개인적인 대화는 자제
9. 화면저장하거나 유포하면 개인 초상권 침해,
   학교폭력으로 될 수 있음. 서로의 인권을 존중

팀별 소회의실 에티켓

1. 규칙
- 오늘 수업과 관련된 이야기에 집중하기
- 친구들에게 높임말 바르고 고운말 쓰기
- 친구들의 의견을 **존중**하고 경청하기
- 정해진 시간 안에 할 수 있도록 **집중**하기
- 회의에서 문제가 생기면 뚝쌤 카톡으로 메시지
  보내기

온라인 수업이 익숙하지 않은 학생들은 자신도 모르게 실수를 하는 경우가 있다. 번거로울 수 있지만, 온라인 수업을 진행할 때마다 슬기로운 온라인 예절을 안내하고 약속하여 예방하는 것이 최선이다. 수업상황에 맞게 수정하여 사용한다.

랜선 플리마켓 플랫폼 패들렛

패들렛을 활용하여 랜선 플리마켓을 운영한다. 패들렛은 업로드, 댓글, 호응의 기능이 있고 한 눈에 볼 수 있는 장점이 있다. 인터넷으로 판매할 수는 없고 판매할 물건과 이벤트를 공개하고 등교 후에 교실에서 운영한다.

원격수업(과제수행 제시)

성취기준	봉사의 의미와 중요성을 알고, 주변 사람의 처지를 공감하여 도와주려는 실천 의지를 기른다.
학습목표	랜선 플리마켓을 주도적으로 참여할 수 있다.
수업자료	패들렛, 구글사이트, 유튜브

학습 단계	학습 내용	원격 방법 및 유의점(유)
콘텐츠 제시	▸ 나눔과 관련된 영상시청하기 　– 나눔은 부메랑이 되어온다 　– 인상적인 장면 생각하기 　– 각자에게 나눔의 의미 생각하기 　– 영상소감 구글 설문지에 작성하기	■ 구글 사이트 도구 ■ 나눔은 부메랑이 되어 돌아온다 https://youtu.be/DLJw2ATIKhQ ▶ ※ 나눔은 이웃은 물론 자신이 행복하기 위한 것임을 확인하고 플리마켓 중간과정에서 다시 한 번 나눔의 의미를 새겨보는 영상이다.
과제 제시	▸ (활동1) 플리마켓에 물건 올리기 　– 판매할 물건 포스터 만들기 　– 그림 위에 글씨 쓰는 앱 이용하기 　– 가격, 특징, 용도 홍보하기 　– 팀별 이벤트 홍보하기	■ 패들렛 ■ 글씨팡팡, 글그램
	▸ (활동2) 플리마켓 둘러보기 　– 사고 싶은 물건에 댓글달기 　– 물건 흥정하고 결정하기 　– 관심 있는 물건에 찜하기	※ 플리마켓이용 시 온라인 예절을 지키고, 실명으로 활동하도록 강조한다.
정리	▸ 과제안내 　– 등교수업에서 플리마켓 장터 열기 　– 판매할 물건과 구입비용 준비	※ 플리마켓의 의미를 다시 한 번 짚어주면서 자칫 물건 팔기 경쟁이 되지 않도록 지도한다.
평가 및 피드백	▸ 플리마켓에 판매할 물건을 올렸는가? ▸ 홍보포스터를 제작하였는가? ▸ 나눔과 봉사의 의미를 체험적으로 이해했는가?	■ 동료평가지, 성찰일기

4차시

등교수업

성취기준	봉사의 의미와 중요성을 알고, 주변 사람의 처지를 공감하여 도와주려는 실천 의지를 기른다.
학습목표	• 플리마켓을 운영하거나 참여하여 나눔을 실천할 수 있다.
수업자료	• 구글설문지

학습 단계	학습 내용	원격 방법 및 유의점(유)
준비	▶ 플리마켓을 위한 준비하기 – 플리마켓 운영 규칙 안내하기 – 플리마켓에서 판매할 상품 포장하기 – 위생장갑, 손소독제로 수시로 소독하기	■ 판매할 물건, 구입 비용 포장 비닐, 위생장갑 ※ 물건을 실제로 사고파는 것으로 현금이 필요하기에 학부모님께 사전에 수업 활동을 안내하고 협 조를 구한다.
활동	▶ (활동1) 플리마켓에 물건 판매하기 – 온라인에서 판매 예약한 물건 판매하기 – 오프라인에서 판매할 물건 전시하기 – 플리마켓 물건 둘러보며 찜하기 – 물건 사고팔기	※ 코로나 상황일 경우, 물건을 포장 하고 일회용 장갑을 착용하여 안 전하게 진행한다.
	▶ (활동2) 경매하기 – 온라인과 오프라인에서 인기상품 경 매하기 – 운영규칙에 의해 경매하기 　例 경매는 원래 가격의 2배까지만 가 　능하다 – 판매자가 경매하기	※ 경매방법을 알려주고 판매할 학 생이 직접 운영하게 하고 과열되 지 않도록 한다.
	▶ (활동3) 기부할 곳 정하기 – 플리마켓 수익금 발표하기 – 네이버 해피빈 사이트 검색하기 – 기부하고 싶은 사람 제안하기 – 투표하여 기부하기	※ 기부할 이웃을 선정할 수 있는 네 이버 해피빈을 활용하였다. 나눔 의 마음을 표현하고 실천할 수 있 도록 학생들이 기부할 곳을 정하 도록 한다.
정리	▶ 정리 및 성찰 – 플리마켓 운영과 기부 소감 말하기 – 나눔을 실천한 학생 칭찬하기 – 랜선 플리마켓 성찰 일기 작성 안내하기	■ 구글 사이트 도구 ※ 판매할 물건을 깨끗하고 쓸만한 상태로 처리하여 가져온다.

'글씨팡팡앱'을 활용한 홍보 포스터 제작

예쁘고 살아 움직이는 글씨를 그림 위에 쓸 수 있는 '글씨팡팡앱'을 이용하여 플리마켓에 판매할 홍보 포스터를 제작한다. 쉽고 빠르게 작업하면서 좋은 디자인이 나오는 장점이 있다. 자신이 판매할 물건의 사진을 찍고 사진 위에 품질, 성능, 가격을 홍보하여 제작한다.

〈글씨팡팡앱 사용법 영상〉
https://www.youtube.com/watch?v=ap5Vl5XlMSI

〈스마트폰 화면에 움직이는 글자 만들기〉
https://www.youtube.com/watch?v=mSrKhYr7jyk

성찰일기 작성하기 예시자료

1. 랜선 플리마켓 준비과정에서 자신이 한 일을 적어보세요.

2. 이번 프로젝트를 통해 새롭게 알게 된 사실이나 기억에 남는 일을 적어보세요.

3. 랜선 플리마켓을 다시 한다면, 자신은 어떤 점을 개선하고 싶은가요?

4. 플리마켓을 통해 이웃에게 나눔을 실천한 소감을 적어주세요.

5. 나눔은 ○○이다. 왜냐하면 ⬚⬚⬚ 이기 때문이다.

온라인 학급경영과
생활 지도

제1장 원격수업시대의 학급경영

1 원격수업시대의 학급경영

원격수업시대의 학급경영이란?

학급경영이란 학급의 목표를 수립하고 이를 효율적으로 달성하기 위하여 인적·지적인 자원을 확보하고, 이를 활용하여 학급활동을 계획, 조직, 실행하는 일련의 활동 과정을 말한다.

기존의 학급경영은 계획을 수립하고 학급을 조직하며, 교실 환경을 구성하고, 생활지도나 수업지도, 창의적 체험활동, 대외활동, 학급 사무 등 전반에 대해 다루었으나 원격수업시대의 학급경영은 이전과는 다른 방향성을 가지고 실행해야 한다.

21세기 창의적 인재 양성을 위한 교육의 미래 전략연구로 창의적 인재가 갖추어야 할 핵심요소로는 창의적 인성과 전문지식, 미래핵심역량을 제시하였다. 학급경영도 이러한 맥락 속에서 수립되고 실행되어야 한다.

창의적 인재가 갖추어야 할 핵심 요소

21세기 창의적 인재 양성을 위한 교육의 미래 전략 연구
(한국교육개발원 연구보고 RR2011-01)

서울미래교육과 미래역량

그러나 막상 원격수업시대가 도래하자, 일선의 교사들은 창의적 인재나, 미래역량은 엄두도 내지 못한 채 당면한 문제만을 해결하기 위해 우왕좌왕할 뿐 등교수업에서 사용했던 단기, 중장기의 학급경영은 까마득히 먼 이야기가 되고 말았다.

이제는 원격수업시대가 장기화되고 생활 속에 안착이 되어야 하는 시점에서 다시 학급경영에 대한 생각들을 모아야 한다.

즉, 원격수업시대에 적합한 수업 방법, 생활지도 방법 등 등교수업에서 해 왔던 활동들을 온라인 환경에 맞추어 재구성하고 그에 적합한 방법들을 찾아 계획들을 세우고 그에 맞춰 실행해 나가는 전략이 수립되어야 한다.

2 원격수업시대의 학급경영 계획 수립 사전 작업

(1) 교육과정 재구성

가. 재구성의 필요성

교육과정 재구성은 '이미 정해진 교육과정의 취지나 한계를 성찰하고 학생들에게 의미 있는 배움의 과정을 제공하기 위해 학교 교사 차원에서 교육과정을 새롭게 구성하는 것'(이형빈, 2019)이라고 할 수 있으며 기본적으로 교육과정은 다음과 같은 구조를 갖는다.

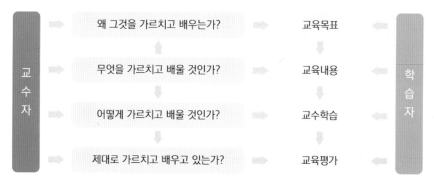

┃ 교육과정의 구조 ┃

교사는 교육과정의 실천가로서 자신과 학생에게 '왜 그것을 가르치고 배우는가', '무엇을 가르치고 배우는가', '어떻게 가르치고 배우는가', '제대로 가르치고 배우고 있는가'에 대한 질문을 통해 교육자로서 자신을 성찰하고 분명한 지향점을 가져야한다. 교육과정 재구성이란 이와 같은 핵심 질문을 바탕으로 교육목표, 내용, 방법, 평가 등을 새롭게 구성하는 과정이라 할 수 있다.

교육과정 재구성은 국가 수준의 교육과정을 주어진 상황과 맥락에 따라 교실 수준의 교사교육과정으로 바꾸는 일로서 교과서의 지식을 살아있도록 구체화하고 구상화하여 학생들에게 감동으로 다가갈 수 있도록 해야 한다. 교사는 단순히 교과서를 가르치기보다 교육과정에 담긴 정신과 철학, 그리고 배경 지식을 알파로 새겨 넣는 '교육과정 재구성'을 연구하고 실천해 나가야 비로소 교과서 중심 수업에서 벗어나 교육과정 중심 수업으로 전환될 수 있다.

무엇보다 교육과정 재구성은 학생중심수업을 위해서 필요하다. 학생중심수업을 위해서는 특정한 상황에 놓인 개별적인 학생들의 특성과 수준에 맞추어 수업을 설계해야 하기 때문이다.

원격수업에서의 교육과정 재구성의 기준 세우기

코로나로 인해 원격수업시대가 예상보다 훨씬 빠르게 도래했다. 국가나 학교, 교사, 학생들이 미처 준비할 겨를도 없이 다가온 원격수업시대에 맞는 교육과정을 재구성하기 위해서는 이전의 재구성 기준과는 확연히 달라져야 한다.

원격수업은 크게 등교수업을 제외하고 쌍방향 수업(줌수업 등), 콘텐츠 제공형 수업, 과제제시형 수업으로 나누어볼 수 있다. 따라서 교육과정을 재구성하기 위해서는 이 수업 유형에 가장 적합한 단원이나 주제, 차시를 적절하게 배치하여 수업을 보다 효율적으로 이끌어가야 한다.

다음은 4학년 2학기 과학 수업을 원격수업시대에 맞게 재구성 한 것이다.

재구성 전		재구성		
차시	차시별 학습 내용	차시	차시별 학습 내용	원격수업방법
		1	▶ 프로젝트 학습을 위한 줌수업 안내 – 줌 기능, 소모임실, 화면공유 등 ▶ 모둠별 프로젝트 주제 정하기 협의(마지막 차시에 발표)	• 등교수업(컴퓨터실 활용) • 줌과 줌수업 소회의실에 대해 알아보기
1	화산 활동과 지진 표현하기	2	▶ 배울 내용 소개 ▶ 화산의 생김새와 특징을 알고 화산에 대해 설명하기 ▶ 과제 제시: 디지털교과서 다운받기	• 디지털교과서 활용 • 줌(쌍방향)수업 • 콘텐츠 제공
2	화산이란 무엇일까요?	3	▶ 화산 분출 모형 실험으로 관찰할 수 있는 물질과 실제 화산 분출물을 비교하기	• 등교 수업 (실험 실습) • 디지털교과서
3	화산 활동으로 나오는 물질에는 어떤 것들이 있을까요?			
3	현무암과 화강암은 어떤 특징이 있을까요?	4	▶ 현무암과 화강암의 특징과 생성 과정 알기	• 줌수업(또는 콘텐츠 제공형) • 디지털교과서를 활용

재구성 전		재구성		
차시	차시별 학습 내용	차시	차시별 학습 내용	원격수업방법
5	화산 활동은 우리 생활에 어떤 영향을 줄까요?	5	▶ 화산 활동이 우리 생활에 미치는 영향	• 콘텐츠 제공형(또는 줌수업)
6	지진이 발생하는 까닭은 무엇일까요?	6	▶ 지진이 발생하는 까닭과 최근에 발생한 지진의 피해 사례 알기	• 등교수업 또는 줌을 활용한 개인 실험
7	최근에 발생한 지진 피해 사례에는 어떤 것이 있을까요?			
8	지진이 발생하면 어떻게 해야할까요?	7	▶ 지진이 발생했을 때 대처 방법에 따라 행동하기 ▶ 과제 제시: 지진대비 안전한 건물 조사	• 인터넷 조사학습, 학급 밴드 활용형 • 활동지
9 – 10	지진에 안전한 건물 모형 만들기	8	▶ 지진에 안전한 건물 모형 만들고 평가하기	• 등교수업(실습)
		9	▶ 모둠별 프로젝트 협력 학습 마무리 작업 시간 주기	• 협력학습 • 줌수업(또는 구글클래스팅)
		10	▶ 화산과 지진 정리	• 과제 제시형 • 결과물은 평가 자료로 활용
11	화산과 지진을 정리해볼까요?	11	▶ 모둠별 협력 프로젝트 학습발표	• 줌수업(등교수업시에는 PPT발표) • 활동지 • 평가 자료로 활용

위 표에서 보면 기존 교육과정에는 없는, 온라인학습을 하기 위한 기술적인 부분을 추가로 배정하여 교육과정을 재구성하였다. 즉, 1차시에는 온라인으로 프로젝트 학습을 할 수 있도록 '줌회의'와 '줌 소회의실', '줌에서의 화면 공유' 등을 배정하였다.

2차시에서는 과학교과서로 개발된 디지털교과서를 다운받는 방법과 디지털 과학교과서에 대한 활용 방법을 안내함으로써, 원격수업을 하기 전에 기능습득 시간을 사전에 배정하여 재구성하였다.

아래 표는 4-2학기-5단원, 11차시 학습을 수업 유형에 따라 재구성한 것이다.

등교수업	쌍방향 수업(줌수업)	콘텐츠제공형 수업	과제제시형 수업
(1차시) • 프로젝트 학습을 위한 줌수업 안내 　- 줌 기능, 소모임실, 화면공유 등 • 모둠별 프로젝트 주제 정하기 협의(마지막 차시에 발표)	(2차시) • 배울 내용 소개 • 화산의 생김새와 특징을 알고 화산에 대해 설명하기 • 과제 제시: 디지털교과서 다운받기	(5차시) • 화산 활동이 우리 생활에 미치는 영향	(7차시) • 지진이 발생했을 때 대처 방법에 따라 행동하기 • 과제 제시: 지진 대비 안전한 건물 조사
(3차시) • 화산 분출 모형 실험으로 관찰할 수 있는 물질과 실제 화산 분출물을 비교하기	(4차시) • 현무암과 화강암의 특징과 생성 과정 알기		(10차시) • 화산과 지진 정리
(8차시) • 지진에 안전한 건물 모형 만들고 평가하기	(6차시) • 지진이 발생하는 까닭과 최근에 발생한 지진의 피해 사례 알기		
	(9차시) • 모둠별 프로젝트 협력 학습 마무리 작업 시간 주기		
	(11차시) • 모둠별 협력 프로젝트 학습 발표		

위 표에서 보면 등교수업은 지정된 학교 등교일자에 맞추어 배정하였고, 나머지는 줌 수업을 중심으로 온라인 수업으로 재구성하였다.

등교수업에서는 단원을 처음 시작하거나, 프로젝트 학습 시작을 할 때 주의를 기울여 설명을 해야 하거나 모둠을 나누는 등 직접적으로 만나서 활동을 해야 효과가 있는 학습내용으로 배치하였다. 쌍방향 수업으로 줌수업은 과학 디지털교과서를 활용하기에 적합하고, 보다 많은 시청각적 자료를 활용할 수 있는 학습 내용을 배정하였다. 콘텐츠 제공형 수업에는 학생 스스로 자료를 찾아보며 수업할 수 있는 학습 내용을 넣되, 가급적 학생 혼자 동영상을 보며 학습하는 시간은 집중도가 떨어지는 것을 감안하여 한 차시만 배정하였다. 과제제시형 수업으로는 주어진

과제에 맞춰 탐구학습으로 할 수 있는 학습 내용을 배정하였다.

일반적으로 교육과정 재구성은 일반적으로 '주제 중심'이나 '시기 중심'으로 재구성하는 데 반해, 원격수업시대에는 수업 방법에 따른 재구성 방법이 더 적합할 수 있다.

(2) 온라인 교육을 위한 온라인 도구 활용 역량 키우기

갑자기 원격시대가 도래했는데, 교사나 학생 모두 원격수업 시스템에 익숙하지 않아 수업이나 학생 상담, 협력활동 등 모든 면에서 우왕좌왕하고 있다. 원격수업에 필요한 도구들을 제대로 활용할 수 있다면 그런 시행착오들은 보다 빨리 극복될 수 있으며 학습 성취도도 높이 끌어올릴 수 있다.

다음은 온라인 학습에 필요한 도구들을 소개해보았다. 각 학급에서는 처한 상황이나 필요에 따라 재가공하여 사용할 수 있다. 각 도구의 활용 방법은 3장 '수업에서 활용 만땅, 온라인 수업 도구'에서 설명했다.

〈온라인 수업 도구와 활용대상〉

도구	교사	학생	비고
▸ ebs 온라인클래스 － 교사가 학년, 학급, 과목 단위로 온라인 클래스를 개설하여 학생들의 학습 여부 체크와 게시판 활용한 학급 관리 가능 － 기존에 있는 EBS수업을 가져와 강좌를 개설하거나 교사가 직접 제작한 영상, 문제, 텍스트 등을 업로드할 수 있으며 진도율과 학습 시간 등 다양한 정보 파악 가능	○	○	▸ 유튜브와 연동하여 동영상 첨부시 광고 차단되는 효과
▸ e학습터 － 초중등 온라인 학습 서비스로 온라인 학급을 개설하여 학생들에게 필요한 콘텐츠 및 공지사항 등을 전달하거나 강좌등록, 수강, 질의 응답 가능 － 모든 콘텐츠를 자유롭게 이용할 수 있으며 학습 진도율, 과제물 확인 등 학생 관리에 용이	○	○	
▸ 구글 클래스룸 － 별도 프로그램 설치 없이 구글이 제공하는 프로그램(메일, 캘린더, 문서, 행아웃, 스프레드시트, 포토, 유튜브, PPT 등 무료로 사용 가능 － 쉽게 영상물, 과제 등을 업로드할 수 있어 쌍방향 수업이 진행 가능	○	○	

도구	교사	학생	비고
▸ 줌 기능 – 화면공유, 소회의실, 손들기, 음소거, 채팅 기능, 주석 기능, 녹화 기능 등	○	○	▸ 소회의실 (자치회의나 모둠활동에서 활용)
▸ 패들렛 – 독서 수업 및 토의·토론, 의견 개진, 학생 중심 참여 수업 등	○	○	▸ 패들렛을 '포스트잇' 대신으로 활용 가능
▸ 파워포인트 – ppt만들기, ppt에 소리 입혀 동영상 만들기	○	○	
▸ 라이브방송(유튜브 등)	○		

▸ 네이버 밴드
     – 수업 과제 공유, 제출 및 다운로드가 편리하고 라이브 생방송 수업, 녹화 수업, e학습터 연결 수업 등 가능
     – 손쉽게 사진, 동영상, 음성 등 업로드 가능하고 출석체크, 투표, 해시태그 등 다양한 형태로 수업에 도움을 주는 기능
     – 문자 안내 및 채팅 기능, 피드백 활용, 저학년 학부모 대상 소통 창구, 출석체크 등
	○	○	▸ 14세 미만일 경우 학부모 이름으로 가입하는 것이 바람직

▸ 카카오톡 – 문자 안내 및 채팅 기능, 피드백 활용, 저학년 학부모 대상 소통 창구, 보상 선물－이모티콘 제공	○	○	▸ 그룹통화 기능 활용 가능
▸ 퀴즈앤(구글 폼 퀴즈) – 학습 후 퀴즈로 피드백 활동 가능	○	○	
▸ 구글어스 – 사회과나 과학 수업에 활용도 높음	○	○	▸ 3D입체 이미지 활용
▸ 디지털교과서 (3학년 이상 사회, 과학, 영어 수업에서 활용)	○	○	▸ 과학 디지털교과서는 즉시 실험 가능한 부분이 많아 활용도 높음
▸ 아트앤컬쳐(박물관, 미술관 탐방, 작품 감상 등)	○	○	▸ 전 세계 미술관, 박물관 가능
▸ 픽사베이(무료로 이미지 사용 가능)	○	○	▸ 저작권 관련하여 연계지도
▸ 키네마스터(핸드폰 편집 도구)	○	○	▸ 앱 동영상 편집 가능
▸ 곰믹스 (촬영 후 자막, 음악 등을 넣어 동영상 편집 가능)	○		
▸ 기타 (툰타스틱, 미리캔버스, 클로바 더빙, 글씨팡팡 등)	○		

❸ 원격수업시대의 학급경영 교육과정 프로그램

(1) 학습 공백(격차) 줄이기

가. 자기주도성이 없는 학생이 망하는 시대

온라인 수업의 단점들

- 교수자 실재감 ↓
- 학습 맥락 ↓
- 고독한 수업
- 어릴수록 집중이 힘듦

'콘텐츠제시형'으로 진행되는 온라인 수업은 온라인 수업에 익숙하지 않은 초등학생에게 매우 불친절한 수업형태다. 제시된 영상수업을 듣는 동안 학생들의 학습 습관이나 수업 태도가 무너지면서 학습결손이 생기고 그 결손이 누적되면서 학습격차가 점점 더 벌어지고 있는 상황이다.

한국교육과정평가원이 주관한 6월 모의평가 결과를 보면, 국어와 영어, 수학 등 주요 과목에서 40점 미만 하위권의 비율이 지난해보다 눈에 띄게 증가했다.

초등학교의 경우 대부분 EBS클래스나 e학습터 등을 통한 콘텐츠제공형 수업이 진행되는데 대부분 짧은 동영상을 보고, 그에 맞는 활동지나 노트를 정리하는 식이다. 학생들은 영상을 주의 깊게 보면서 생각을 하는 게 아니라 영상을 빨리 보며 진도율을 채우는데 급급하다. 또한 제시된 콘텐츠 수업을 들으면서 한 켠에는 핸드폰으로 유튜브를 켜놓고 시청하는 경우가 많아 집중도가 떨어졌으며 흥미본위의 영상만을 추구하는 경향이 늘어났다.

학습 습관, 수업 태도가 무너진 아이들

학습 습관과 수업 태도가 무너진 결과 학생들이 학업 수행도가 40% 미만으로 하락했다는 통계청의 발표가 있었다. 그렇다면 이러한 문제의 심각성을 인식하고 학습격차를 줄이기 위해서는 어떠한 방법들이 고안되어야 하는가?

지난 학기 초중고 수업에서 대부분은 '콘텐츠제시형' 수업이거나 '과제수행형 수업'으로 교사와 학생 간의 소통이 적은 수업이 대부분이었고 쌍방향 수업은 13%에 그쳤다. 따라서 일방통행식의 수업으로 인해 수업을 따라가기 어려워한 학생이 많아졌다.

통계에 따르면 수업이 진행되는 동안 수업을 제대로 따라온 학생들은 반에서 20%, 전혀 이해하지 못하는 학생들은 30%, 나머지 50%는 중간 이하라는 통계가 있다. 이에 학습결손으로 인한 학습격차를 줄이기 위해서는 다음과 같은 정비가 필요하다.

첫째, 혼자 공부하는 시간이 많아졌으므로 자기주도학습을 익혀야 한다.

둘째, 교사와 학생의 소통을 늘리는 쌍방향을 통해 학생들이 학습에 집중할 수 있는 교육 환경을 만들어야 한다.

셋째, 학생과의 소통 창구를 늘려서 상담 기능을 활성화하여 학생의 학습에 관한 어려움들을 듣고 고충을 처리해주어야 한다.

넷째, 가정의 학부모와 연계하여 학습 습관을 바로 잡을 수 있는 시스템을 구축한다.

다섯째, 등교 수업일을 활용하여 학생과 상담을 하거나 평가를 통해 부족한 부분에 대한 피드백을 즉각적으로 실시해야 한다.

(2) 자기주도학습

가. 왜 자기주도학습이어야 하는가?

자기주도학습이란 학습자가 학습과 관련된 모든 과정에서 자기 스스로 학습을 선택하고 실행하는 것이다. 즉 학습목표의 설정, 학습자원의 확인, 학습전략 선택, 학습 결과의 평가와 자기 성찰 등의 과정에서 학습자 본인이 주도권을 갖는 것, 스스로 자기 동기를 발견하고 그 동기가 지속되도록 노력하는 것이다.

온라인 수업시대를 맞아 학습자의 자기 주도성은 더욱 중요해졌다. 등교수업 시절과는 달리 학생들은 비대면 수업으로 온라인 학습을 해야 하고 포트폴리오를 포함한 보고서, 독후감 등 다양한 과제를 제출해야 한다. 그러려면 수업에 대한 집중력을 키워야 하며 누구의 도움도 없이 스스로 몰입하여 학습을 해야 하므로 교사들은 학생이 스스로 자기주도학습을 할 수 있도록 역량을 키워주는 역할을 해야 한다.

나. 온라인 학습에 필요한 자기주도학습의 척도

시간 관리	• 시간이 관리가 잘 되고 계획을 잘 세워서 완전 학습으로까지 진행되어야 함	⇨	**완전학습 수행능력**
계획 관리			
자발성	• 스스로 하는 특성 • 학습 동기를 높여주어야 함		(완전 학습을 위해서는 피드백이 반드시 필요)
충동조절	• 정서지능을 구성하는 특성 • 지적인 발달이 우선이 아니라 정서 발달이 심리적이고 안정적인 토대가 됨		
감정조절			

다. 온라인 학습에 필요한 자기주도학습 전략은 무엇인가?

자기주도학습이 성공을 거두기 위해서는 '학습에 대한 동기부여', '기본 학습법', '학습전략', '효과적인 시간 관리', '노트 정리 및 포트폴리오 작성' 등 다음과 같은 몇 가지 전제 조건이 충족되어야 한다.

학습에 대한 동기부여	• "공부를 왜 해야 하는가?", "이것을 왜 배워야 하는가?"와 같은 학습 목표를 분명하게 인지하고, 이에 대한 학습 플래너를 세우고 실행하게 한다. • 온라인 학습에서는 특히 이 부분에 대한 언급이 전혀 없이 수업이 이루어 지므로 학생들이 수업에 대한 집중도가 대면학습 때보다 훨씬 떨어진다는 사실을 알 수 있다. • 온라인 수업이라 하더라도 반드시 도입단계에서 이번 학습의 목표가 무엇인 지, 이 수업을 통해 무엇을 배우고 무엇을 얻을 것인가에 대한 탐색을 해보 는 과정이 필요하다.
기본적인 학습법 학습전략	• 게임이나 스포츠를 제대로 이해하려면 규칙을 알아야 하듯이, 공부에도 규칙 이 있기 마련이다. 따라서 공부를 하는데 필요한 학습법을 알려주어야 한다. • 교과나 주제, 단원에 맞는 학습법을 제공하면 학생들의 수업 참여도가 높아 진다.
효과적인 시간 관리	• 학습에서의 중요한 포인트는 시간 관리를 잘 하는 것이다. • 더구나 온라인 학습에서는 정해진 콘텐츠만 듣고 나면 학습이 끝난다고 생 각하여 복습이나 예습을 하지 않게 되어 대면학습보다 학습 성취도가 매우 떨어졌다는 결과가 나오기도 했다. • 따라서 방학이면 해왔던 생활계획표를 1일, 1주일, 1개월 단위로 세워서 실 행하는 연습을 시키고, 교사는 매일 아침 조회 시간에 이를 검사하는 방식으 로 학생들을 훈련시켜야 한다. ( )주 생활계획 ※ 오늘 잠을 자면 꿈을 꾸지만 오늘 공부하면 꿈을 이룬다! | 유형 시간	월	화	수	목	금	토	일
---	---	---	---	---	---	---	---
6시							
7시							
8시							
9시							
10시							
11시							
12시							
오후1시							
2시							
3시							
4시							
5시							
6시							
7시							
8시							
9시							
10시							
11시							
12시								

	• 온라인 수업에서의 맹점은 학생들이 콘텐츠를 켜놓고 딴짓을 해도 진도율만 체크되므로 집중하지 않는다는 것이다.
	• 이럴 때는 과목별 학습장을 만들어서 그날 들은 내용을 학습장에 기록, 정리하는 습관을 들이게 해야 한다.

〈코넬식 노트정리 방법〉

단서칸	노트 정리칸
질문, 생각난 것	학습 내용, 들은 것 정리
요약칸	위의 전체 내용을 2-3줄로 정리하는 것

노트 정리 및 포트폴리오 작성	• 이렇게 정리된 학습장은 등교수업 때 검사를 하거나, 사진으로 찍어서 학급 밴드나 카페 등에 탑재하게 하여 교사가 검사는 하는 것은 물론, 동료학생들이 다른 사람 것을 살펴보게 함으로써 어깨너머 공부를 유도할 수 있다.

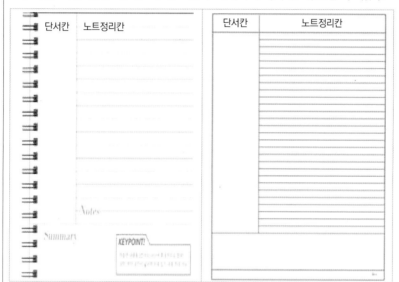

예습	• 온라인 수업을 실시하면서부터 예습이 사라졌다. 그러나 예습은 복습보다 학습 결과면에서 매우 긍정적인 영향을 미치므로 학생들에게 강조하는 것이 좋다.
	• 원격수업에서 학생들의 예습 자료로는 '거꾸로 교실용 디딤영상'을 활용하면 좋다.

(3) 슬기로운 가정 생활 지도

원격수업시대로 접어들면서 학생들이 대부분의 시간을 가정에 머무는 동안 부모님과의 갈등이 심해지고 있다. 이는 학교에서 책임졌던 학습 지도하기, 훈화하기, 청소하기, 점심 식사 등이 가정으로 이전되었기 때문이다.

따라서 교사는 온라인 학습시대에 맞게 학생의 슬기로운 가정생활에 대한 안내 및 지도를 해야 한다. 그러기 위해서는 가정에서의 생활이 등교수업을 하던 학습 습관처럼 일정하게, 규칙적으로 생활하도록 지도를 해야 하며 자기방 정리정돈이나 가족 간의 예절, 집안일 돕기 등을 병행하여 지도해야 한다.

규칙적인 생활하기	• 1일 시간표 계획 짜고 실행하기 • 잠자기 전에 다음날의 1일 생활계획표를 작성한다. • 아침 기상 시간, 학습 시간, 과제 시간, 운동 시간, 청소 시간 등 1일 생활에 대한 계획을 세우고 실천하도록 지도한다. 예시) 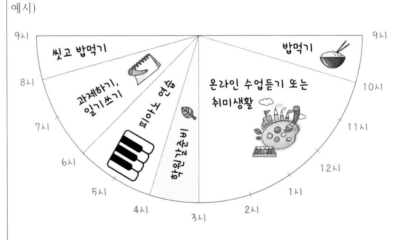
자기방 청소 및 정리정돈 지도하기	• 하루종일 집에 머무는 동안 학생은 주로 책상과 침대를 오가며 생활한다. 따라서 그 주변이 지저분하고 매일 오랫동안 머물러 있기 때문에 지저분하다. • 따라서 위생과 청결 지도 차원에서 매일, 자기방 청소 및 정리정돈을 하게 지도한다.

가족 간의 대인관계 지도	• 등교 수업 시절에는 부모님과 자녀는 오랫동안 같이 있을 시간이 적어서 다툴 일이 없었다. 그러나 학생들이 집에 오래 머물게 되면서 부모님과 자녀 간에 매일매일이 갈등의 연속이 되고 있다. 이는 서로의 위치와 역할에 대한 이해 부족과 배려심이 부족한 탓이다. • 가족을 이해하고 배려하는 공감교육도 아울러 지도해야 한다.
 집안일 돕기 지도	• 온라인 생활로 인해 집에 머무는 시간이 많아지면서 부모님의 가사 노동이 증가하였다. • 이에 대해 자녀인 학생들이 부모를 도와 집안일을 돕는다면 서로에 대한 갈등이 줄어들고 서로 존중하게 될 것이다. 

(4) 집콕 놀이

코로나로 인해 밖에서 놀기 어려운 상황이라 교사는 학생들의 건강과 운동 신경의 발달을 위해서 여러 가지 놀이를 지도하여야 한다. 여기서는 집에서 할 수 있는 몇 가지의 집콕 놀이를 소개한다. 집콕 놀이는 유튜브에서 매우 다양하고 재미있는 놀이들을 쉽게 찾을 수 있다.

등교학습일에는 다양한 집콕 놀이를 공유할 수 있는 <집콕 놀이 발표 대회>를 개최하여 체육 수업 활동으로 대신할 수 있다.

전신 그리기 놀이	알까기 놀이
	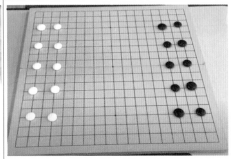
① 큰 전지와 크레파스를 준비한다. ② 동생이나 오빠를 전지 위에 눕히고 그린다. ③ 그냥 눕는 것보다 재미있는 몸동작을 취한다. 그리고 몸은 옷을 입은 것으로 색칠한다.	① 바둑판과 바둑돌을 이용하여 그림과 같이 놓는다. ② 가위바위보로 이긴 사람이 먼저 '알까기'를 하여 상대편 바둑알을 바닥으로 떨어뜨린다. ③ 먼저 상대편의 것을 다 떨어뜨리면 이긴다.
휴지 잡기 놀이	손가락 놀이(제로게임)
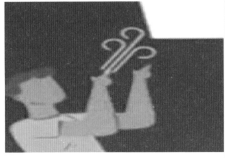	
① 휴지를 입으로 날리고 떨어지는 것을 잡는다. ② 처음에는 1장으로 하다가 차츰 2-3장을 손으로 날리고 잡거나 발로 잡을 수도 있다.	① 술래가 손가락이 올라갈 것을 예상한 수를 말하면서 손가락을 움직인다. ② 이것을 들은 나머지 사람들은 손가락을 올리거나 움직이지 않는다. ③ 이때 예상한 수만큼 손가락이 올라오면 술래가 이기게 된다.

지퍼백 제기차기 놀이	종이컵 낚시 놀이

① 지퍼백에 바람을 가득 채운다. ② 제기차기를 한다. ③ 한 발 차기, 양발 차기, 손으로 치기 등 다양하게 할 수 있다.	① 종이컵 1개에 끈을 묶어 낚싯대를 만든다. ② 낚시 종이컵을 바닥의 종이컵에 씌운다. ③ 낚시 종이컵을 확 낚아채서 바닥의 종이컵을 많이 뒤집는 사람이 이긴다.

(5) 학생 상담

교사는 아이들의 결핍을 채워주는 유일한 희망집단이다. 등교수업일 때는 학생들을 매일 대하면서 교사는 학생들의 컨디션이나 감정의 변화 등 수시로 상황을 살펴보며 개별 상담을 시도할 수 있었다. 그러나 쌍방향 수업이 아닌 콘텐츠제시형 수업이 대다수를 차지하면서 교사와 학생 간에는 소통의 다리가 사라지고 말았다. 온라인 수업에서 학습이 떨어지거나 과제를 해오지 않고 참여도가 낮다면 그에 대한 주의나 훈계보다는 상담 중심으로 그 문제들을 해결해 나가는 방법을 활용해 보면 좋다.

즉, 온라인 수업으로 인해 얼마나 많은 아이들이 어떤 부분에서, 어떤 어려움에 처해있는지, 그 어려움들은 무엇이고 그것을 해결해 줄 방안들은 무엇인지를 알아보고 어려움에 처한 학생과의 상담이 절대적으로 필요하다.

상담 대상	어려움을 겪고 있는 학급의 모든 학생
상담 내용	개별 학생들마다 갖고 있는 고민이나 어려움
상담 시기	주기적으로 또는 필요시 수시
상담 방법	• 등교 시: 1대1 개별 상담 • 온라인 상담: 카톡이나 전화, 학급 카페나 밴드에서 비밀 채팅 등 • 줌수업 시: 전체 줌 수업 시 학습 부진 등에 대한 도움을 주고자 할 때는 줌 소회의실 활용한 개별 지도 및 상담

(6) 두근두근 설레는 첫 날

원격수업을 해도 첫 만남은 교사나 학생 모두 두근두근 설레는 날이다. 쌍방향 소통 도구로 만난다면, 직접 대면하여 만나서 하는 수업보다 더욱 긴장된다.
첫 만남을 어떻게 준비할까? 일 년간 좋은 인상을 남길 특별한 소개로 원격 만남을 시작해보자. 평상시 학생들과의 친밀한 관계 형성을 위해 가끔 활용해보는 것도 좋다.

가.	'하얀 거짓말'로 선생님 소개하기

선생님을 소개하는 '하얀 거짓말' 게임으로 학생들의 마음과 입을 열어보자. 선생님과 관련된 세 가지 설명 중 아닌 것을 한 가지 찾게 함으로써 선생님에 대한 관심과 친밀감을 높일 수 있다.

준비물	PPT 사진 3장, 🎥zoom: 화면공유, 채팅창 활성화
방법	선생님을 설명하는 퀴즈를 PPT로 만들어 둔다. 화면을 공유하며 진행한다.
예시	T: 선생님을 설명하는 3가지 내용을 잘 듣고 이 중 하얀 거짓말을 골라보세요. 맞추는 친구에게는 원격과제 제출 기간 연장 보너스를 드립니다. S: 와~~~ T: 자, 1번 (아기 사진을 보여주며) 선생님은 4.7kg의 아주 튼튼한 아기로 태어났어요. 뭐든지 잘 먹어서 부모님을 아주 기쁘게 해드렸어요. 그 후로 쭉 부모님의 말을 잘 듣는 착한 어린이로 자랐어요. T: 2번 (야구선수 사진을 보여주며) 선생님이 가장 좋아하는 야구선수입니다. 이 사람처럼 야구선수가 되고 싶었는데 오른손 손가락을 다치는 바람에 야구선수의 꿈을 접었어요. T: 3번 (영화포스터 사진을 보여주며) 이 어벤저스 포스터에서 싸인 보이지요? 선생님이 로키를 직접 만나서 받은 것입니다. 이 싸인 받으러 영국까지 갔었답니다. T: 지금 선생님이 말한 세 가지 중에서 사실이 아닌 것을 골라보세요. 정답은 채팅창에 번호로 적고 손가락으로 표시해서 보여주세요. 5초 드립니다. 5, 4, 3, 2, 1!

'아이스브레이킹'(소회의실 질문게임)으로 자기소개하기

첫 만남은 떨린다, 두근두근 긴장된다, 서먹서먹하다. 따라서 쌍방향 수업에서 한 화면에 들어있는 친구들의 시선이 부담될 수 있다. 음소거로 시작하여 얼음 같은 분위기를 깨는 자연스러운 게임으로 서로에 대하여 좀 더 알아가는 시간을 만들어 보는 것은 어떨까?

아이스브레이킹 질문게임을 적용해보자. 질문게임은 마인드노크 카드와 같은 질문카드를 무작위로 뽑아서 질문에 답을 하는 단순한 게임이다. 참가자들은 시간 가는 줄 모르고 재미있게 참여한다.

원격수업에서는 카드를 나누어 줄 수 없으므로 PPT로 질문을 하나씩 보여주고, 쌍방향 도구의 소회의실로 이동하여 돌아가며 말하기로 진행해보자. 질문에 답변만 하면 흥미가 떨어질 수 있으니 게임의 요소를 넣어보자. 질문이 새로 바뀔 때마다 소회의실이 새로 열린다. 질문에는 답을 할 때마다 얻을 수 있는 점수가 있어서 답을 하면 점수를 각자 더해서 계산한다. 새로 열린 소회의실에서 다시 만난 친구가 있으면 점수가 두 배가 되는 기적을 내린다. 우연한 만남이 기쁨이 되고 입과 마음을 열어줄 것이다.

준비물	PPT 질문카드, zoom : 화면공유
방법	① PPT로 질문 한 가지를 보여준다. ② 소회의실로 이동한다. 소회의실은 '자동'으로 구성되도록 설정한다. ③ 질문에 대한 답을 돌아가며 말한다. 소그룹 회의 시간은 5분으로 설정한다. ④ 전체 회의실로 돌아온다. ⑤ ①~④를 되풀이 한다.
규칙	① 질문에 답을 하면 질문카드에 적힌 숫자만큼 포인트를 쌓는다. 　　단, 소회의실에 들어온 모든 친구가 답변을 해야 각자 점수를 가져갈 수 있다. 　　시간이 모자라거나 한 명이라도 답을 못하면 모두 점수를 얻지 못한다. ② 새로운 소회의실에서 다시 만난 친구끼리는 점수를 곱배기로 얻는다. 　　n번째 만난 친구가 한 명이라도 있다면 (주어진 점수)×n만큼 더한다.

첫 만남을 맛있게 돌아가며 말해요 시간 내에 모두 말해요 앞 사람 말 따라하기 없어요	| 10점 •지금까지 친구들에게서 들은 말 중에서 가장 기분 좋았던 말은 무엇인가?	| 20점 •지금까지 사람들한테 들은 말 중에서 가장 기분 나빴던 말은 무엇인가?
| 30점 •타임머신을 타고 일 년 동안 여행을 떠난다면 어느 시대 또는 몇 년도를 선택할 것인가?	| 40점 •친구들이 나를 어떤 사람으로 기억해주면 좋겠다고 생각하는가?	| 내 총점은 몇 점? ( )점

(7) 계기 지도(한글날 한글 폰트 만들기)

온라인 수업을 하면서 계기 지도가 가정의 몫으로 돌아갔으나 대부분의 부모들은 계기교육을 하지 않는다. 따라서 교사들은 온라인 수업을 하면서 해당하는 시기에 계기 교육을 시켜줌으로써 사회와 역사에 대한 인식을 고취시켜주어야 한다. 다음은 한글날 계기 지도로 온라인에 적합한 한글폰트 만들기를 한 결과물이다.

✎ 1학년 한글폰트 작품

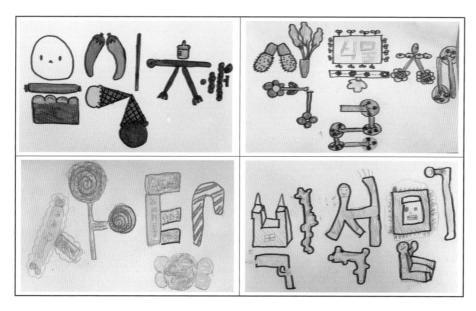

∅ 6학년 한글폰트 작품

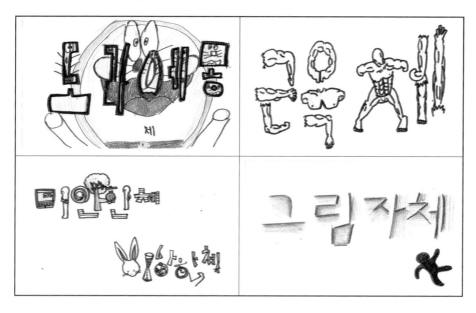

제**2**장 생활지도

생활지도는 대면 수업에서도 매우 중요한 부분이었으나 온라인 학습이 늘어나자 생활지도 영역이 사라지고 말았다. 그러나 온라인 학습에서 병행해야 할 생활지도는 기존의 것에 가정에서의 생활지도 영역까지 확장하여 지도할 필요가 있다. 여기서는 온라인 관련 생활지도를 중점적으로 다루고자 한다.

1 생활지도

| 가. | 생활지도란? |

생활지도는 학생이 자신과 주변 세계를 바르게 이해함으로써 건전한 적응과 발달, 그리고 스스로 문제해결을 할 수 있도록 지속적으로 지도하기 위한 조직적인 활동이다.

나. 생활지도의 목적

생활지도의 목적은 직접적인 목적과 간접적인 목적으로 나누어진다.

1) 직접적인 목적

- 자신을 바르게 이해하고 잠재능력을 계발하기
- 문제 해결력과 적응력 신장시키기
- 서로 다른 상황에서 현명한 선택을 하도록 하기
- 전인적인 인간으로 성장시켜 민주시민 육성하기

2) 간접적인 목적

- 학생을 올바르게 이해하여 성장 발달에 도움 주기
- 생활지도에 임하는 교사의 태도 확립과 기능 신장하기

다. 생활지도의 기본 방향

- 모든 학생을 대상으로 하기
- 처벌보다는 지도를 먼저 생각하기
- 치료보다는 예방에 중점두기
- 과학적인 근거로 지도하기
- 자율성을 기본 원리로 하기
- 학교교육의 통합된 일부로 계획하고 실행하기

② 온라인 학습 에티켓

가. 온라인 수업 에티켓

온라인 수업을 위해서는 서로 지켜야 할 에티켓에 대한 수업으로 온라인 수업에서 벌어질 사고에 대비하는 것이 좋다. 온라인 수업 준비과정과 온라인 수업 매너, 온라인 수업 자료 및 정보 보호에 관한 주의사항은 다음과 같다.

온라인 수업 준비	− 인터넷이 원활해서 끊김이 없고 주변에 소음이 없는 곳에서 수업하기 − 화상 수업 진행 시 복장이나 배경으로 사생활이 노출되지 않도록 조심하기 − 문제 발생 시 선생님 또는 담당자한테 문의하고 수습하기
온라인 수업 매너	− 모니터 화면 및 소리를 끄거나 줄이기 − 다른 활동을 하거나 수업에 방해가 되는 잡담 및 돌발활동 자제하기 − 본인이 아닌 제3자 대리 출석, 대리 과제 작성 삼가기
온라인 수업자료 및 정보 보호	− 수업영상과 자료를 함부로 캡처, 복제, 배포 및 임의수정하지 않기 − 화상 수업에서 동의 없이 사람들을 캡처하여 배포하면 불법이라는 것 상기 시키기 − 온라인 플랫폼의 아이디와 비밀번호 공유하지 않기 − 수업과 관련이 없는 자료 및 동영상 공유나 게시하지 않기 − 채팅창에 쓸데 없는 글로 도배하지 않기 **꼭 지켜주세요~** **저작권 및 초상권** 1. 수업과 관련된 영상의 일부를 불법으로 캡처하거나 유출할 경우 2. 수업에서 제시된 자료를 무단으로 타인에게 제공할 경우 3. 수업 관련 영상이나 내용을 타인 또는 타반에게 보여줄 경우 ＊학생들도 법적으로 문제가 될 수 있음을 알려드립니다. 그러므로 수업에 제공한 영상과 사진을 학습의 목적으로 사용하시고 그 어떤 2차적 작업을 하지 않기를 당부드립니다.

3 학급긍정훈육(PDC)

대면수업보다 원격으로 만나는 날이 많아도 학급은 일 년 동안 바른 인성과 실력을 쌓으며 함께 생활하는 공동체이다. 학급에서의 긍정적인 생활은 학교생활에 긍정적인 영향을 주어 학습은 물론 민주시민으로 성장과 발달을 이루는 기초가 된다. 학급 긍정 훈련을 원격수업 환경에서 어떻게 적용할 수 있을지 방법을 찾아보았다.

가. "우리 반이 올해 어떤 반이 되면 좋을까요?" 가이드라인 만들기[1]

교사가 제시하는 규칙은 학생들에게 와 닿지 않는다. 학생들이 공감하며 문제의식을 공유할 수 있도록 학생들이 스스로 만들어가는 것이 좋다.

순서	할 일	방법	도구
1	'우리가 원하는 반' 의견 모으기	학생: 붙임종이에 간단히 적어낸다.	패들렛, 줌
2	'우리가 원하는 반' 의견 분류	선생님: 패들렛을 캔버스형으로 변경하여 비슷한 종류로 유목화한다. 질서, 예절, 협동 등과 같이 간단히 제목을 붙인다.	
3	분류한 항목별로 가이드라인 만들기	교사: 2번에서 분류한 항목 수만큼 소회의실을 만든다. 학생: 가이드라인을 작성한다. 우리가 바라는 것은 ( )하는 반입니다. 이렇게 말해요 | 이렇게 행동해요	소회의실 구글문서
4	발표 및 동의	학생: 소회의실에서 나와 모둠장이 전체에게 발표. 발표가 끝나면 엄지척으로 동의 반응을 표시하거나 화면을 공유하여 학생들이 동의의 서명을 작성할 수 있다.	
5	게시	출력 후 교실 앞, 칠판 옆 잘 보이는 곳에	원격학급게시판

---

1) 참고자료: 북부필통. 2020. [북부필통] 학급긍정훈련 PDC – 1. 동의와 가이드라인 [비디오파일]. https://www.youtube.com/watch?v=SdWeyVWpXrw&list=PLYqrVtyY_3HETOqkYqVDeQswQHHHoSPIJ 서울온곡초 김성혁선생님 도움자료.

순서	할 일	방 법	도 구
		연중 게시 원격 학급 공지사항, 게시판, 메인 이미지	
6	돌아보기	우리가 만든 가이드라인을 잘 지켜갈 수 있도록 주기적으로 인지시킴 －학급회의 시 성찰 －매주 또는 정기적 점검 －벌칙보다는 대화와 성찰로 돌아보게 함	

나. "우리반 학급일과 어떻게 할까?" 일과(daily routain) 정하기[2]

아침 등교에서부터 하교시간까지 학교생활에서 이루어지는 학급의 일과를 정해 놓으면 학생과 교사 모두 안정된 하루를 보낼 수 있다. 또 자신이 언제, 무엇을 해야 하는지 분명히 알고 행동하는 자기주도적인 학생으로 성장할 수 있다.

원격수업이 이루어지는 경우에도 학생들이 매일 규칙적인 생활을 한다면 보다 의미 있는 시간을 보낼 수 있을 것이다.

✎ 학급일과 정하기

순	할 일	방 법	도 구
1	학급일과 시간에 무엇을 해야 하나?	교사: 아침 등교 시간, 공부 시간, 쉬는 시간, 점심 시간 등 시간별로 무엇을 해야 할지 패들렛에 간단히 적도록 안내한다. －패들렛은 선반형식으로 아침 등교시간, 공부시간 등 칼럼(항목)을 미리 만들어둔다.	패들렛
2	공유하기	교사: 패들렛을 공유하며 학생들이 각자 읽고 별점이나 좋아요 등의 반응을 표시하도록 한다.	패들렛
3	해결방법 찾기	교사: '수업 몇 분 전까지 준비를 마칠까?', '무엇을 준비하면 좋을까?' 등 해결방법을 학생들과 찾는다.	

---

2) 참고자료: 북부필통. 2020. [북부필통] 학급긍정훈련 PDC－3. 학급 일과 [비디오파일]. https://www.youtube.com/watch?v＝PJj2JKx0XQs&list＝PLYqrVtyY_3HETOqkYqVDe QswQHHHoSPlJ&index＝3. 서울온곡초 김성혁선생님 도움자료.

| 4 | 역할극 | 아침시간, 수업시간 등 일과 시간별로 역할극으로 연습을 한다.
원격수업 상황이라면 이미지 트레이닝으로 상상하여 실시한다. | |
| 5 | 지속적 점검과 확인 | 학생: 학급일과 정하기를 하며 느낀 점, 앞으로의 다짐 등을 돌아가며 말한다. | |

원격학습이 이루어지는 날의 일과도 이와 같은 방법으로 학생들과 함께 정해보는 것이 좋다. 학생들마다 개인적인 일과가 다를 수 있지만, 규칙적인 생활 습관을 기르고, 학습에 자기주도적으로 책임 있는 생활을 할 수 있도록 공통적인 내용을 함께 생각해보는 것도 필요하다.

✐ 예시) 원격학습 하는 날 나의 하루 일과(예)

항목(예)	원격학습 하는 날 나의 하루 일과(예)
하루의 시작과 끝	기상 시간, 취침 시간
자기주도 학습	오늘의 학습 확인, 학습장 정리, 과제 해결, 독서, 보충학습 등
건강 생활	규칙적인 운동, 식사 시간, 신체 청결
가정 생활	내가 맡은 집안일 하기(청소, 재활용, 심부름 등), 방 정리, 식탁 정리, 설거지, 신발 정리, 화초물주기, 애완동물 관리, 옷 개기 등
여가 생활	휴식, 놀이 시간, 취미 생활
친교 생활	친구와의 원격 만남 예절
안전 생활	재난 및 재해로부터의 안전, 정보보안, 안전사고 예방

✐ 예시) 원격수업 아침 만남의 시간 운영 시 하루 일과 지도 팁

취침 시간	"어제 잠자리에 든 시각을 채팅창에 적어봅시다." "가장 일찍 잠든 친구는 ○○이군요. ○○이 에게 오늘 발표 1+1 카드 증정!"
건강 생활	"매일 규칙적으로 운동을 하며 건강을 챙기는 우리반 친구들이, 이번 주에 가장 열심히 했던 운동을 10초 동안 동작으로 보여주세요." "10, 9, ..., 3, 2, 1, 그만" "선생님이 준비한 오늘 아침 운동은 눈운동 입니다. 자, 음악에 맞추어 천천히 눈운동을 해봅시다."
가정 생활	"집에서 내가 무엇을 했을 때, 우리 부모님이 가장 기뻐하셨나요?"

4 민주시민 육성을 위한 미디어 리터러시

가. 미디어 리터러시(Media Leteracy)를 왜 해야 하는가?

　미디어는 신문이나 라디오, TV, 컴퓨터, 스마트폰 등을 통해서 문자나 사진, 그래픽, 동영상과 데이터 등을 담아서 전달하는 매체다.

　미디어 리터러시란 다양한 미디어에 접근하고, 미디어가 제공하는 정보와 콘텐츠를 비판적으로 이해하며, 자신의 생각을 미디어로 책임 있게 표현, 소통할 수 있는 능력을 말한다.

　오늘날 세상 인구의 1/6 정도가 온라인에서 읽기를 한다. 읽고, 쓰고 문제 해결과 소통하기 위해 미디어를 이용하는 사람이 60% 증가했다.(2002년. 미국 기준) 미국의 8-18세의 경우 인쇄 매체를 사용하는 경우는 43분 읽기, 다른 매체를 통한 읽기는 그보다 48분 더 많으며 미국의 10대 중 90%는 숙제를 위해 인터넷 사용한다.

　이러한 이유로 미디어 리터러시 교육은 필수불가결한 영역이 되었다. 더구나 코로나로 인해 전 세계 학생들은 온라인 수업을 하면서 미디어에 노출되는 시간이 절대적으로 늘어났음에도 제대로 된 미디어 교육을 실시하는 곳은 그 어디에도 없다. 온라인 수업시대에 가장 먼저 실시되어야 할 미디어 리터러시 영역은 가짜뉴스와 유튜브 리터러시와 인터넷·게임중독에 관한 것이다. 여기서는 가짜뉴스와 유튜브 리터러시를 중심으로 살펴본다.

나. 미디어 리터러시(media Leteracy)에서 무엇을 길러 줄 것인가?

　전국미디어교육교사협회에서 제시한 미디어 교육은 의사소통 능력과 지식 정보처리 역량면에서 다음과 같다. 그것을 분류하면 크게 미디어를 읽고 비판적으로 수용하는 독해 부분과 미디어를 활용하여 창작과 제작을 할 수 있는 쓰기 부분이라고 볼 수 있다.

　코로나로 인해 학생들은 하루 5-10시간을 TV와 스마트폰, 컴퓨터 앞에서 머문다. 그러나 학생들이 보는 것은 교육콘텐츠만이 아니다. 지루한 수업을 하는 동안 대부분은 유튜브 학습동영상을 다른 쪽에서는 스마트폰으로 '짤방' 등을 보면서 컴퓨터 수업을 듣는다. 수많은 정보와 자극적인 화면 앞에서 학생들은 무비판적인 수용을 강요당한다. 또한 온라인 도구를 활용하여 과제를 제출해야 하는 상황에 직면해 있으면서도 제대로 된 온라인 도구 활용 교육을 받지 못한 채 유튜브나 친구들의 도움을 받아야만 하는 상황이다.

따라서 이제는 미디어 리터러시를 통해 미디어 콘텐츠에 대한 비판적 수용 교육과 제작을 통해 미디어 매체로 표현하는 방법을 습득해야만 한다.

🖉 미디어 리터러시와 관련된 핵심 역량[3]

미디어 리터러시와 관련된 핵심 역량: 의사소통 역량, 지식정보처리 역량									
기초 학습 요소		수행 목표							
미디어 체험	미디어 지식	의미 이해와 전달	책임 있는 미디어 이용	감상과 향유	미디어 기술 활용	정보 검색과 선택	창작과 제작	사회문화적 이해	비판적 분석과 평가

```
다.    뉴스 리터러시(가짜 뉴스 판별하기)
```

온라인 수업을 하다 보면 학생들은 온갖 플랫폼에 접근하면서 본인의 의지와는 상관없이 정치 뉴스부터 연예인 이야기까지 훑어보게 된다. 그러다 보면 호기심을 자극하는 뉴스를 클릭하게 되고 그것이 사실인양 무비판적으로 수용하는 경우가 많다. 이에, 교육부에서는 초등학생들의 미디어 리터러시 역량을 높이기 위해 학생 참여 중심의 '슬기롭게 누리는 미디어 세상' 콘텐츠를 개발해 보급했다.

---

3) 전국미디어교육교사 협회

✎ 슬기롭게 누리는 미디어 세상

교육 대상	초등 5−6학년 학생
교육 내용	'슬기롭게 누리는 미디어 세상'은 초등학교 5, 6학년 국어과 교육과정에서 미디어 연계 성취기준을 바탕으로 개발된 미디어 리터러시 교육 자료이다. 동영상, 애니메이션, 인포그래픽, 웹툰 등 다양한 매체 유형으로 학습의 몰입도를 높이고, 드래그, 선긋기, 내용 입력, 사진 올리기 등 학생들이 활동할 수 있게 하여 흥미도를 높였으며, 동영상 제작, 설문 제작, 프레젠테이션 프로그램 등을 안내해 학생들의 활동성을 높였다.
이용 방법	에듀넷 티클리어(http://edunet.net) / 디지털교과서 / 미디어 리터러시 교육자료 배너 접속 e−학습터 / 초등학교 / 5, 6학년 / 교과별 (국어) 학습자료 접속

출처: 에듀넷티클리어. 미디어리터러시교육자료. https://dtbook.edunet.net/literacy/main.html

✎ 코로나19 관련 가짜 뉴스를 예방하는 백신 살펴보기

　다음은 전국미디어리터러시 교사협회에서 제시한 코로나19 시대를 이겨내는 미디어 리터러시 백신 10가지다. 대부분의 내용은 가짜 뉴스에 대한 예방책으로 구체적인 내용은 다음과 같다.

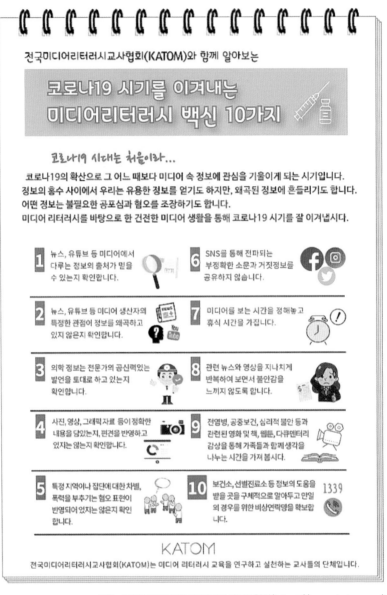

출처: KATOM전국미디어리터러시교사협회(https://www.katom.me)

유튜브 리터러시

국내에서 전 연령대가 가장 많이 사용하는 앱은 유튜브다. 유튜브가 가장 무서운 이유는, 10대에게 '퍼스트 스크린'이라는 점이다. 유튜브에는 잔인하고 선정적인 내용뿐만 아니라 은근하게 선입견과 편견을 조장하는 콘텐츠가 넘쳐나기 때문이다. 그러나 어떠한 규제를 적용해도 문제를 해결할 수 없기에 유튜브 리터러시 교육을 통해 위험 요소들을 극복할 수 있는 기회를 제공해 주어야 한다.

✎ 예시) 유튜브 리터러시 수업 활동

유튜브를 "무조건 보지 말라"는 교육은 교사와 학생, 부모와 자녀 간의 갈등만 조장한다고 한다. 따라서 수업 중에 유튜브에 대한 솔직한 이야기를 나누는 토의토론 시간을 마련해본다.

수업 접근 전략: 학생들 스스로 판단하고 행동하도록 계기를 제공함	
교수 학습 활동	활용 도구

1. '유튜브'라는 주제어 제시: 마인드맵 그리기(패들렛에 공유)
2. 유튜브 이용 경험 나누기
 – 좋았던 경험, 나빴던 경험, 무서웠던 경험, 황당한 경험
 – 솔직하고 자유롭게 이야기 할 수 있는 분위기를 만든다.
3. 유튜브에 대한 토론
 1) 소회의실 토론 수업(전체 토론 가능)
  – 소그룹회의에서 각자 궁금한 점을 질문으로 만들어 돌아가며 말하기
  – 소회의실에서 토의토론 주제 정하기
  – 모둠 토론 주제를 선정하여 패들렛에 게시
 2) 학급 토론 주제 선정
  – 모둠 토론의 주제 중에서 1개를 골라 학급 전체 토론하기
   (방법 2: 모둠별로 제출한 토론 주제를 살펴보고 다른 모둠에서 나온 주제 중에서 하나를 고를 수도 있다.)
 3) 소그룹회의에서 학급 토론 주제에 대한 모둠 토론하기
 4) 모둠 토론 결과 발표하기
  – 공감, 질문, 의견 제시
 5) 유튜브에 대한 토론 후 나의 소감 나누기
 6) 유튜브 토론에 대한 선생님의 소감
4. 활동 결과 공유
 – 토론 결과를 나만의 방법으로 표현하기: 글, 포스터, 동영상, 비주얼 씽킹맵 등
	소회의실
	
	zoom
	
	패들렛
	
	잼보드
	
	글씨팡팡

⬙ 게임으로 하는 디지털 리터러시

구글에서는 만 7세에서 12세 사이의 아동을 대상으로 하는 인터랙티브 게임 방식의 교육용 프로그램인 인터랜드(INTERLAND)를 제공하고 있다. 인터랜드는 어린이들이 새로운 미디어 환경에서 올바른 문해력을 갖출 수 있는 교육 프로그램을 원하는 교육자들의 요청에 의해서 만들어졌다고 한다.[4]

흥미로운 게임을 통해 학습을 할 수 있지만 아쉽게도 영어로 서비스 되고 있어 영어에 능숙하지 않으면 접근하기가 쉽지는 않다. 그러나 보며 즐기는 게임이라는 차원에서 교사가 게임을 진행하며 설명을 덧붙인다면 어렵지 않게 활용할 수 있다. 유튜브에는 인터랜드 게임이 몇 가지 올라와 있다.[5]

⬙ 인터랜드 게임 목록

번호	제목	주제	게임 내용
1	Kind Kingdom	사이버 불링 괴물 무찌르기	사이버불링에 시달리는 인터너트들에게 하트를 주면 점수를 따게 됨
2	Reality river	진짜인지 확인하기	10개의 질문에 통과하면 강을 건너게 됨
3	Mindful mountain	공유하기 전에 생각할 것	질문에 맞는 답을 찾아 빛을 굴절시켜 맞춤
4	Tower of treasure	강력한 비밀 번호 만들기	방향키를 이용해 달리면서 알파벳과 숫자를 많이 모아 비밀 번호를 강력하게 만들게 됨

---

4) 사이언스타임즈. 2019. 7. 12. 구글, 가짜 뉴스 구별 교육에 나서.
5) 이지은. 2020. Tower of treasuer [비디오파일]. http://gg.gg/lt5gi 이를 비롯한 몇 편의 인터랜드 게임이 소개되고 있다.

✎ 이렇게 활용해요

▪ **선생님과 함께 해보자**

쌍방향 소통 도구로 선생님이 진행하는 게임을 실시간으로 보며 디지털 리터러
시에 대해 학습을 한다. 선생님의 진행에 따라 함께 몰입을 느낄 수 있다.

① 구글 검색창에 영어로 'interland'를 입력한다.

② 'Interland Be Internet Awesome'을 누르면 게임을 시작할 수 있다.

> beinternetawesome.withgoogle.com › ... ▾ 이 페이지 번역하기
>
> Interland - Be Internet Awesome
>
> Interland is an adventure-packed online game that puts the key lessons of digital citizenship and safety into hands-on practice. Play your way to being Internet ...

게임은 주로 어린이 수준에 맞도록 방향키를 이용하여 쉽게 진행할 수 있
다. 게임을 하는 과정에서 학생들은 인터넷을 할 때 어떻게 행동해야 하는
지를 자연스럽게 알게 된다.

▪ **유튜브를 활용하기**

유튜브에 녹화된 게임을 보며 게임방법과 디지털 리터러시 학습 내용을 익
힐 수 있다. 영어 공부는 덤으로 하게 된다.

해커 VS 인터넷 인터랜드	인터랜드–보물의 탑 http://gg.gg/lt5gi 유튜브 검색창에서 '인터랜드–보물의 탑' 검색	
사이버불리 VS 인터넷 인터랜드 친절한 왕국	인터랜드–친절한 왕국 http://gg.gg/m930x 유튜브 검색창에서 '친절한 왕국' 검색	

5 무기력 탈피, 회복탄력성으로 튀어 오르기!

온라인 학습이 지속되면서 학생들 간, 교사와 학생들 간의 소통이 줄어들었다. 아이들은 수업 시간에 올라온 영상이나 과제들을 하면서 수업에 대한 이해도나 주의력이 약화되면서 점점 말이 없어지고 감정적인 측면에서 혼란을 겪게된다. 가장 대표적인 사례가 우울증의 급증이다. 여기서는 온라인 학습에서 우울증을 극복할 수 있는 방법에 대해서 알아본다.

가. 무기력과 회복탄력성

무기력한 학생들이 증가하고 있다고 한다. 무기력은 유아부터 성인에 이르기까지 나타난다. 초등학생들의 경우 1학년과 4학년에서 실시하는 학생정서 행동특성 원격 검사를 통해 파악할 수 있는데 대체적으로 고학년에서 이러한 특성들이 나타난다. 무기력은 성인이 될 때까지 이어질 수 있으므로 초기에 치유를 위해 적극적인 노력이 필요하다.

사람들은 인생의 역경을 이겨낼 힘을 가지고 있는데 그러한 힘을 회복탄력성이라고 부른다. 회복탄력성(resilience)은 원래 제자리로 돌아오는 힘을 일컫는 말로, 심리학에서는 주로 시련이나 고난을 이겨내는 긍정적인 힘을 의미하는 말로쓰인다.[6] 연구 결과 자신의 정서를 정확히 파악하고, 감정과 정서를 조절하는 능력이 높을수록 회복탄력성이 높으며 가족, 친구, 선생님 등 주변으로부터 제공되는 도움과 지지는 회복탄력성을 갖는 데에 긍정적인 영향을 미친다고 한다. 학생들이 무기력에서 벗어나 회복탄력성을 키우며 긍정적인 정서를 가지고 공동체 속에서 다른 사람과 공감·소통하며 조화롭게 살아갈 수 있도록 해야 한다.

그러나 코로나-19로 인해 등교의 일상이 깨지고 등교수업마저 사회적 거리두기로 많은 제약을 받음에 따라 교사와 학생이 서로 접촉할 기회가 줄어들게 되어 학생들의 정서와 행동을 면밀히 관찰하고 파악할 기회도 줄어들었다.

정서 심리적으로 도움이 필요한 학생을 위해 담임교사로서 수업 시간을 활용하는 것이 좋은 대안이 될 수 있다.[7]

---

6) 김주환. 2019. 회복탄력성. 위즈덤하우스.
7) 이미식. 2017. 무기력의 치유를 위한 윤리상담의 실제에 관한 연구-초등학교 도덕과

무기력한 학생을 위해 어떻게 해야 할까요?

✎ 교사와의 따뜻한 관계 맺기

> "친밀한 인간관계는 무기력의 치유를 돕는다. 교사와의 따뜻한 관계 역시 무기력한 학생들의 치유를 돕는 자원이다"
>
> 코로나-19로 친구들과의 접촉이 어려운 상황에서 교사와 친밀한 관계를 맺는 것이 더욱 중요하게 되었다. 교사와의 친밀한 관계는 직접적으로 얼굴을 보며 이루어지는 것보다 SNS를 통해 쉽게 이루어질 수 있다.
>
> ☞ 제자와 친밀한 관계 맺기- SNS 톡 활용 예
>
> | 따스한 마음을 담은 생일 축하 톡 | 선생님께 작은 도움 드리기 |
> |---|---|
> | "○○야, 오늘이 네가 태어난 날이구나. 너를 만나게 되어 정말 기뻤단다. ○○이의 생일을 진심으로 축하한단다." | "○○야, 선생님이 수업에 사용할 자료인데 종이로 접은 공이 필요하단다. 6개만 접어 줄 수 있을까? ○○이 솜씨가 아주 좋을 것 같아." |
> | 공감: 선생님도 이런 감정을 느낀단다 | 격려: 작은 노력에 대한 지지 |
> | "○○야, 국어시간에 선생님이 열심히 준비한 자료에 아이들이 재미없어 하는 것 같아서 아주 속상한단다. 기분이 좋아지는 방법이 뭐가 있을까?." | "○○야, 오늘 원격 수업에서 지난 시간보다 더 집중하는 모습을 느꼈단다. ○○이가 노력하는 것을 보니 무척 행복했단다." |

수업을 중심으로-. 윤리교육연구. 43. 1-25. 무기력에서 치유되려면 초등학교 교육에서 윤리상담을 활용할 수 있는데, 교사들이 손쉽게 활용할 수 있는 방법은 초등학교 과정 범위 내에서 각 교과 간, 도덕교과서 내에서 윤리상담을 활용하는 것이라고 한다. 이 글에서 제시하는 방법들은 이 논문을 토대로 재구성하였다.

✐ 교육과정을 재구성하여 정규 수업 중 지도

무기력한 학생이 자발적으로 무기력에서 벗어날 수 있도록 돕기 위하여 국어, 도덕과 등의 교육과정을 재구성한다. 수업 시간 내에서 상담활동과 통합하여 학습활동을 할 수 있을 뿐만 아니라, 잠재적 교육과정과의 연계도 용이하다. 무기력한 학생들은 수업 시간에 참여함으로써 치유 과정을 자연스럽게 경험할 수 있다.

다. 정규수업에서 무기력 극복을 위한 활동

✐ 비유로 말해요

> 비유를 통한 학습 활동은 사물을 다른 대상에 빗대어 표현함으로써 무기력을 적당한 거리에서 관찰하고 제3자의 관점에서 인식할 수 있는 자각 능력을 키워 준다고 한다. 비유를 통해 표현한 결과를 토대로 '그렇게 생각하는 이유는 무엇일까?' 등의 추가적인 질문을 통해 치유의 방향을 찾을 수 있다.
>
> ☞ 비유법을 활용한 수업(교육과정 재구성 사례)
>
> | 과목 | 단원 | 주제 | 교육과정 재구성 활동 |
> |------|------|------|------------------------|
> | 국어 | 6-1-1.
비유하는 표현 | 비유하는 표현을
살려 시 쓰기 | • 이미지프리즘카드를 활용하여
  내 마음 표현하기
• 시화 꾸미기, 시화 전시회
• 시낭송 영상 제작 |
> | 도덕 | 6-1-3.
나를 돌아보는 생활 | 나의 행동
돌아보기 | • 전지적 작가 시점에서 비유적
  표현으로 쓴 나의 어느 날
  −열세 살 ○○의 하루(예) |
> | 수학 | 6-1-5.
여러 가지 그래프 | 일주일간의 내
마음의 변화
그래프 그리기 | • 일주일간 나의 마음의 변화를
  그래프로 그리기
  −어떤 사물로 나타낼까?
  −어떤 형식의 그래프로 나타낼까? |

✎ 오감을 키우는 활동

감각적 활동은 감각적 상상력(sensitive imagnation)을 자극하여 몰입을 체험하게 함으로써 무기력에서 벗어나는 기쁨의 순간을 누리게 된다. 시각, 청각, 촉각, 미각, 후각 등을 활용하는 수업을 통해 무기력한 학생의 얼굴에 피어나는 변화를 느껴볼 수 있다. 원격 수업에서 감각을 활용하는 음악, 미술, 실과, 체육에 어려움을 느낄 수 있다. 쌍방향 수업 도구와 다양한 콘텐츠를 활용하여 수업을 설계해 볼 수 있다.

예시) 오감을 키우는 원격 수업

과목	교과 목표	활동 예시
음악	음악의 구성 및 표현 방법을 이해하고 기초적인 연주기능을 익혀 창의적으로 표현한다.	■ **크롬 뮤직랩 활용** • SONG MAKER: 다양한 악기의 소리로 멜로디, 반주, 작곡 • RHYTHM: 큰북, 작은북, 트라이앵글, 심벌즈 등 다양한 리듬악기를 사용한 연주 • KANDINSKY: 마우스로 그림을 그리면 다양한 소리를 내줌 • VOICE-SPINNER: 자신의 목소리를 녹음하여 들어볼 수 있음 • SPECTROGRAM: 악기, 사물 등의 소리를 스펙트럼으로 표현 • PIANO-ROLL: 자동으로 입력된 음악을 들려줌
미술	미술 작품의 특징과 배경을 탐색하고 이해하는 능력을 기른다.	■ **구글 아트 앤 컬처(Google Arts & Culture)** • 구글 '스트리트 뷰' 기능처럼 미술관 내부를 생생하게 둘러보기 • 색상이나 시대별에 맞는 예술 작품을 분류하여 상세 정보 보기 • 가상현실(VR)과 증강현실(AR)을 이용하여 미술 작품을 보다 더 생생하게 감상하기

✎ 힘이 솟는 말하기

무기력한 학생들은 부정적인 언어를 반사적으로 사용한다. 말하기 수업을 통해 언어가 가진 힘을 알고 긍정의 언어를 익힘으로써 무기력에서 벗어날 수 있도록 한다.

긍정적인 말하기는 평소 학교 생활을 통해 습관화할 수 있다. 학생과의 대면이 어려운 상황에서는 SNS나 채팅, 광고제작, 녹음 등을 통해 지도할 수 있다.

언어 사용과 관련된 단원의 수업을 활용한다. 학생이 직접 체험할 수 있는 수업으로 활동을 구성한다.

수업 중 교사-학생, 학생-학생 간의 상호작용을 통해 힘이 솟는 말하기를 실천한다. 사회적 기술 훈련으로서 학기 초 미리 약속된 공감과, 경청의 언어적, 비언어적 표현을 자주 사용하도록 한다.

무기력한 학생과의 1:1 대화에서 학생에 대한 지지와 공감을 표현하는 언어를 사용한다.

예시) 힘이 솟는 말하기 수업

과목	단원	주제	교육과정 재구성 활동
국어	6-1-7. 우리말을 가꾸어요	자신의 언어생활 점검하기, 언어가 나를 바꾼다	■ 공익광고 동영상 만들기
국어	5-1-1. 대화와 공감	사회적 기술 훈련-공감, 경청, 맞장구	■ 사회적 기술 약속하기 공감, 경청, 맞장구 게임
국어	4-1-3. 느낌을 살려 말해요	듣는 사람을 고려해 상황에 맞게 말하기	■ 녹음하여 들어볼까? 나의 말하기를 녹음하여 들어보기

6 사이버 폭력 및 스마트폰 중독 예방

사이버 폭력이란 인터넷, 휴대전화 등 정보통신기기를 이용하여 특정인을 대상으로 지속적, 반복적으로 심리적 공격을 가하거나, 특정인과 관련된 개인정보 또는 허위사실을 유포하여 상대방이 고통을 느끼도록 하는 일체의 행위를 말한다.[8]

가. 사이버 폭력의 유형

종류	내용
사이버 언어폭력	사이버 공간에서 채팅, 게시판, 악성댓글, 쪽지 등으로 욕설, 비방, 경멸, 인격모독성의 글 또는 놀림, 협박 등을 하는 것
사이버 명예훼손	상대방을 비방할 목적으로 사실이나 거짓을 말하여 상대방의 명예를 떨어뜨리거나, 인격을 침해하는 행위(글, 사진, 동영상 포함)
사이버 스토킹	원하지 않은 문자, 사진, 동영상을 2회 이상 반복적으로 보내 상대방에게 불안과 두려움을 주는 일체의 행위
사이버 성폭력	성적인 내용의 문자, 이미지, 동영상 등을 사이버상에서 상대방의 의사와 관계없이 보낸다거나, 음란한 내용의 동영상을 만들어 유포하는 행위, 사이버공간에서 음란한 내용의 문자, 이미지, 영상 등을 판매하며, 공연히 전시하는 행위
신상정보 유출	개인의 사생활에 해당하는 내용을 인터넷이나 SNS상에 언급 또는 게재하거나 신상정보(이름, 거주지, 학교이름 등)를 유포하는 행위
사이버 따돌림	SNS에서 한 친구를 왕따로 지목하여 집단으로 괴롭히는 행위

나. 사이버 폭력 관련 법률

- 정보통신망 이용촉진 및 정보보호 등에 관한 법률
- 성폭력범죄의 처벌 등에 관한 특례법 – 제13조 통신매체를 이용한 음란행위
- 형법 – 제283조(협박, 존속협박), 제307조(명예훼손), 제311조(모욕), 제324조(강요)

---

8) 1388청소년사이버상담센터.

평소의 예방지도	상대방 존중, 책임 있는 행동하기, 바른 언어사용, 내 정보 소중히 다루기, 장난이라도 조심하기, 논쟁이 생길 경우 신중하게 이성적으로 대응하기(감정 절제하기) *피해를 입게 되면 처음에는 무시하기, 차단하기, 거부의사 분명히 밝히기, 증거자료 확보하기, 주변 어른에게 알려 도움 요청하기, 부모님이나 선생님께 알리고 경찰에 신고하기
신고, 상담 기관 안내	전화: 182, 경찰청 사이버안전국(cyberbureau.police.go.kr) 1588−7199, Wee 센터 학생위기상담종합서비스, www.wee.go.kr 문자상담 #1388, 카카오톡 플러스친구, 1388청소년사이버상담센터 전국 17개 시도 청소년상담복지센터－학교폭력 및 사이버폭력 관련 심리상담(1388 전화상담, 사이버 상담, 심리검사 제공)
반드시 신고하기	외면하지 않고 신고하기, 신고시 불이익 없음을 강조하기
처벌 받음을 인지시키기	사이버 폭력이 학교폭력의 일종이며, 어떤식으로 처벌을 받는지 구체적으로 설명해주기

라.   스마트폰 중독

스마트폰과 인터넷 중독 문제가 사회적으로 크게 대두되고 있는 가운데 중독 현상은 어린 연령대로 내려오고 있어 주의가 필요하다. 현실적으로 스마트폰 사용을 완전히 차단할 수 없으므로 가정에서 스마트폰 이용 규칙을 정하고 시간 제한을 두면서 사용하는 것이 중요하다.

올바른 스마트폰 이용습관을 기르기 위해 청소년 스마트폰 중독예방 프로그램인 사이버 안심존(https://ss.moiba.or.kr)을 이용해보기를 추천한다.

	학교용	스마트폰 중독상담관리 프로그램
	가정용	부모스마트폰에서 자녀스마트폰 관리, 불법·유해 앱 실행 및 인터넷사이트 접속 차단, 보행 중 잠금 설정 스몸비 예방, 자녀 스마트폰 몸캠피싱 방지 등

원격 수업 도구

제1장   쌍방향 수업 도구 줌(zoom)

줌은 클라우드를 기반으로 하는 원격 화상 회의 플랫폼이다. 채팅, 손들기, 화면공유, 소그룹회의 등의 기능으로 학생들의 참여와 협력을 이끌어 낼 수 있어서 원격수업에 많이 활용되고 있다. 또 교원학습공동체 연수, 학부모 연수, 원어민 화상 영어 캠프, 학생 상담, 교사회의, 학생 소그룹 학습(보충 학습 지도, 심화 교육) 등에 다양하게 이용할 수 있다.

보안 문제가 발생한 이후 사이버 보안과 개인정보 보호에 힘써 계속 업데이트를 실시하고 있다. 코로나-19 기간 중 무제한 회의 서비스를 한시적으로 제공하고 있다.

✔️ 사전 준비

가입하기	• step1: 크롬 브라우저 실행 후 zoom을 검색하여 ZOOM 홈페이지 (https://zoom.us)에 접속 • step2: @korea.kr 공직자메일 또는 교육청메일, 구글 G-Suite 계정을 입력하여 무료 가입해야 코로나 기간 동안 40분 제한 없이 사용할 수 있음 • step3: 이메일 확인 후 계정활성화, 이름, 성, 비밀번호 작성

데스크톱, 노트북

step1	step2	step3
크롬 브라우저 실행, 검색창에 'zoom' 입력	zoom.us - 이 페이지 번역하기 Zoom: Video Conferencing, Web Conferencing, Webinars ... Zoom is the leader in modern enterprise video communications, with an easy, reliable cloud platform for video and audio conferencing, chat, and webinars... Download / Zoom Meetings	회의용 Zoom 클라이언트 첫 번째 Zoom 회의를 시작하거나 이 참여하면 웹 브라우저의 클라이언트를 시작하는데, 여기서 수동으로 다운로드할 수도 있습니다. [다운로드]

설치하기

스마트폰, 태블릿

☞ 앱스토어나 플레이스토어에서 'Zoom Cloud Meetings' 설치

	방법1: 예약 후 '클립보드에 복사'	방법2: 예약 알림 화면에서 '초대복사'
초대하기	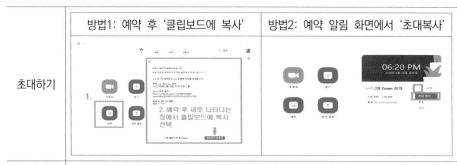	
	방법3: 줌 회의 중 ⓘ 회의정보 클릭	방법4: 줌 회의 중 '참가자' 클릭
	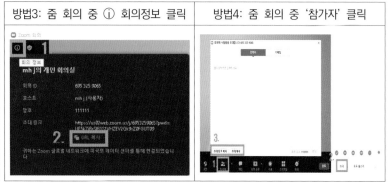	
참가하기 (학생)	데스크탑, 노트북, 태블릿, 휴대폰 • 방법1. 줌/참가/선생님이 보낸 아이디, 내 이름, 비번을 입력 • 방법2. 선생님이 보낸 링크를 클릭	

 TIPS

1. 유튜브에서 검색 시 줌의 설치에 관한 다양한 자료를 찾아볼 수 있다.
2. 호스트가 고정된 아이디와 비번을 사용하여 학급의 학생들과 공유하면 매번 링크를 보내지 않아도 찾아 들어올 수 있다.

☑️ 수업 열기 전 필수 확인 '설정'

– 설정 메뉴 찾기

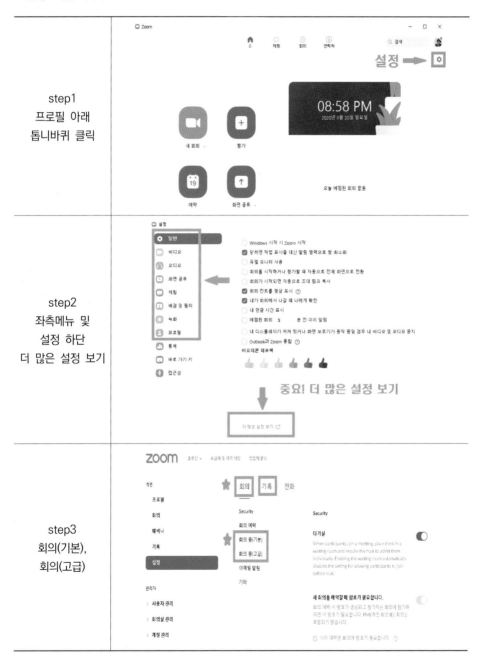

step1 프로필 아래 톱니바퀴 클릭	
step2 좌측메뉴 및 설정 하단 더 많은 설정 보기	
step3 회의(기본), 회의(고급)	

- 설정 시 핵심 체크

기능	설정 메뉴 위치	설정 내용
프로필	설정/프로필	• 프로필 사진 변경하기 – 비디오를 끌 경우 프로필 사진으로 보임
채팅	설정/회의 중(기본)	• 비공개 채팅(회의 참가자가 다른 참가자에게 비공개 1:1 메시지를 보내도록 허용) OFF –수업 중 학생들끼리 채팅 방지를 위함 • 채팅 자동 저장 ON
화면공유 주석	설정/회의 중(기본)	• 주석 ON: 호스트와 학생의 주석 사용을 위해 필요 • 화이트보드(회의 중 화이트보드를 공유하도록 허용) – ON □ Allow saving of whiteboard content – 필요에 따라 선택 □ 공유 중지 시 화이트보드 내용을 자동으로 저장 – 필요에 따라 선택
소회의실	설정/회의 중(기본)	• 소회의실 ON: 모둠 토론을 위해 필요
대기실	설정/회의 중(고급)	• 대기실 ON: 호스트가 회의실 입장을 수락할 때까지 대기
기록	설정/기록	• 로컬 기록 ON □ Hosts can give participants the permission to record locally – 학생들은 녹화할 수 없도록 체크 해제 • 자동 기록 ON – 회의 종료 후 취소할 수 있음

☑ 연결문제 Q&A

학생이 계속 오디오 연결 중이라면?	→	① zoom 어플 설정 → 회의 → 오디오 자동연결 → 인터넷 사용 체크 ② 재입장을 권하고 '오디오 연결' 설정 안내 : 오디오 권한 허용
헤드셋(이어폰 등)을 사용할 때 자신의 목소리가 안들리면?	→	실물화상기, 웹캠 등이 여러 장치가 설치되어 있는 경우 다른 마이크가 선택되어 있을 수 있다. 음소거 버튼 우측의 화살표 ∧를 눌러 [마이크 선택]에서 활용하고자 하는 마이크를 선택한다.
헤드셋(이어폰 등)을 사용할 때 다른 사람 목소리가 안 들리면?	→	교실에서 TV와 스피커(헤드셋, 이어폰 등)가 동시에 활성화 되어 있는 경우 TV로 설정이 되어 있을 수 있다. 음소거 버튼 우측의 화살표 ∧를 눌러 [스피커 선택]에서 활용하고자 하는 스피커를 선택한다.

☑ 최신 버전 확인

보안을 위해 수시로 업그레이드되고 있으니 최신 버전을 확인하는 것이 좋다.

step 1. 홈에서 프로필 사진을 누름 새 창이 열리면 업데이트 확인 선택	step 2. 업데이트 버전 확인

☑ 회의실 내 주요 기능 메뉴

		메뉴	기능
1	음소거	음소거	음소거 글자 옆 ∧를 눌러 마이크, 스피커를 설정 회의 시작 시 음소거함. 발표나 질문을 할 경우에만 음소거를 해제함
2	비디오 중지	비디오 중지	본인의 비디오를 보이게 하는 버튼 ∧를 눌러 카메라 선택, 가상배경 선택
3	보안	보안	회의에 방해되지 않게 회의를 잠그거나 대기실 사용여부, 참가자에게 화면 공유와 채팅, 이름 바꾸기 등의 기능을 허용할지에 대해 설정
4	참가자	참가자	참가자를 누르면 오른쪽에 새 창이 열리며 전체 참가자를 볼 수 있음 대기실에서 대기하고 있는 사람 확인, 초대, 음소거 관리 가능

		메뉴	기능
5		채팅	전체 참가자에게 알림, 특정한 사람을 지정하여 개인채팅, 파일공유 가능
6		화면공유	내 컴퓨터의 실행 프로그램을 보여 주는 화면이 나타남. 디지털교과서, PPT, 이미지, 문서, 동영상 등 수업을 위한 파일을 미리 띄워두었다가 보여주며 수업 진행 가능 *화면공유 옆의 화살표 ∧를 눌러 화면 공유 옵션 지정
7		기록	오디오, 영상파일로 각각 저장
8		소회의실	설정 화면에서 사용 체크를 해야 나타나는 메뉴 학생 참여 중심 수업, 모둠 회의를 반드시 필요함
9		반응	발표하거나 중간에 박수, 엄지척을 할 수 있는 부가 기능
10		종료	수업 종료 시 '모두에 대하여 회의 종료' 하기

TIPS

수업 중 요긴한 단축키 딱 두 가지

스페이스바	• 음소거 상태에서 스페이스를 누르면 음소거가 해제됨 −학생들은 음소거 상태로 있다가 발표 시에는 스페이스바를 누르고 발표 −방법 : 설정/오디오/ ☑ SPACE 키를 길게 눌러 내 음소거를 일시적으로 해제
Alt+M	• 호스트를 제외한 참가자 모두에 대해 음소거 −교사는 수업 중 음소거가 해제되어 시끄러운 상황에서 응급조치

📹 줌을 활용한 수업 흐름

step1: 원격수업 사전 준비

회의룸 개설 및 학생 초대	• 줌 설정 재확인 　– 참가자 비공개 채팅 허용 여부 　– 채팅 자동 저장 　– 참가자 참가/나가기 시 사운드 재생 확인 　– 참가자 주석 작성 허용 여부 체크 　– 소회의실 사용 여부 • 링크 또는 ID와 비밀번호를 학생들에게 안내 • 수업 시간, 준비물(교과서, 배움공책, 필기구 등) 안내 • 전체 학생 입장 시 음소거 **입장 시 참가자 음소거** ⬤ 참가자가 회의에 참가하면 자동으로 모든 참가자를 음소거합니다. 참가자가 스스로 음소거를 해제할 수 있도록 할지 여부는 호스트가 제어합니다. ▽
수업 계획 및 자료 준비	• 학생 간 채팅 허용 및 화면공유 권한 부여 여부 확인 • 수업 설계(교육과정 재구성) 　– 수업목표, 성취기준, 평가요소 확인 등 　– 수업목표에 따라 과제제시형, 콘텐츠활용형, 쌍방향수업형, 혼합형 　　등 수업의 형태 결정 • 수업의 흐름별 줌의 기능 메뉴와 자료 등 중요 사항 메모해두기 <table><tr><td>항목</td><td>중요 사항(예시)</td></tr><tr><td>동기유발 동영상</td><td>• 화면공유 시 컴퓨터 소리공유 **컴퓨터 소리 공유**</td></tr><tr><td>소회의실 모둠 회의</td><td>• 소그룹 미리 정해두기 • 브로드캐스트 하기 </td></tr></table>

	• 도움요청 확인, 피드백주기
협력활동 자료 공유	패들렛, 구글프레젠테이션 주소줄 채팅창으로 알리기

• PPT, 동영상 등 수업자료를 열어서 미리 내용을 확인한 후 작업표시줄에 띄워 놓기

기자재 점검	• 화면, 소리 확인 • 펜태블릿, 실물화상기 등 연결 확인(필요 시) • 학생 입장에서 모니터링하기 위해 교사용 스마트폰을 추가 연결 – 스마트폰은 하단 메뉴에서 더보기/오디오 연결 끊기로 하울링을 방지해야 함
PLAN B	• 줌이 갑자기 작동하지 않는 돌발 상황을 대비하여 대체 프로그램을 준비해 둠 – 줌회사의 서비스 문제일 경우: 구글 미트 또는 MS 팀즈, Webex 등 – 데스크탑의 문제일 경우: 스마트폰으로 수업을 진행하는 방안 등

step2: 원격수업(본 수업)

입장 수락	• 출석 확인, 결석 학생 연락 • 학생에게 수업 전 활동을 화면공유를 통해 안내
원격수업 실시	• 인사나누기 • 수업 참여 태도 약속 확인, 관계적 발문전략, 자치회의를 통한 학급 약속 만들기, 준수 다짐 추가 저작권, 초상권 준수 — 녹화, 캡처 안하기 다짐 마음 자세 — 음식물 먹기×, 복장 확인 / 교실과 똑같이 바른 자세 수업 태도 — 경청, 배려, 존중, 반응 기능 활용 — 발표 시 음소거 해제, 주석 낙서 금지 등 • 동기유발 • 기능 활용: 화면공유, 소회의실, 채팅, 반응 등을 활용 • 학생들의 활동 상태에 따라 수업을 융통성 있게 운영 – 활동 시간 조절, 대체 활동 실시 등 • 수업 팁 발표하는 학생을 다른 학생들에게 — 발표 학생 얼굴 화면 오른쪽 위 ⋯ 모양 클릭 / '추천비디오' 클릭

	크게 보여주기	
	동영상 재생 이미지 추가	왼쪽 아래 [컴퓨터 소리 공유] 체크 후 오른쪽 아래 '공유'를 클릭(또는 동영상 더블클릭) ☑ **컴퓨터 소리 공유**
	화이트보드 공유 시 판서 글씨 예쁘게 하기	방법 1: 선생님의 아이패드, 갤럭시탭, 갤럭시노 트로 입장하기 – 데스크탑에서 화이트보드 공유 후 아이패드, 갤럭시탭, 갤럭시노트로 판서 방법 2: 펜태블렛 사용
	소그룹 이동 시	사회자 지정, 브로드캐스트 보내기
	채팅창 관리	협업용 문서 링크 전송
학생 활동 확인	• 학생들의 활동을 주의 깊게 관찰 • 참여에 소극적인 학생 파악 및 참여 독려 • 소그룹 활동 분위기 파악 • 수시로 활동 격려, 긍정적 피드백 제공	

step3: 원격수업 마무리

수업 마무리	• 수업에 대한 한 줄 소감 나누기 • 마무리 인사 • 공유화면 저장, 채팅 저장(필요 시) • '회의 나가기'를 누르면 선생님만 나가고 학생들은 남아 있으므로 '모두 에 대하여 회의 종료하기'를 선택
사후 관리	• 채팅 기록 확인 • 학생 참여 점검, 1:1 개별 피드백 학생 확인 • 수업 성찰 일지 기록(필요 시) • 수업 녹화 '기록' 파일 확인(필요 시) • 학생 수업방에서 수업에 대한 피드백, 심화 학습 안내, 평가에 대한 공지

☑ 교실수업처럼 줌으로 수업하기 사례

칠판, TV 대체	• 교과서 및 지도서 PDF 파일, 전자저작물(교육부, USB), 동영상 등 다양한 자료 화면 공유하기 • 실물화상기로 실물 자료 보여주기 • 펜태블렛(또는 아이패드, 갤럭시탭, 갤럭시노트)으로 판서하기

교과별 수업 예시	• 국어: 한 학기 한 권 읽기, 협력적 글쓰기 • 도덕: 동영상 시청, 모둠 토론 • 사회: 조사 발표, 퀴즈, 모둠 협력 학습 • 수학: 펜태블릿으로 교과서, 수학 익힘책 문제 풀이 • 과학: 대표 실험 • 체육: 스트레칭 등 동작 시범, 자세 지도 • 음악: 가창, 합주, 연주, 수행평가 • 미술: 표현 활동 후 화면 가까이 비춰 보여주기 • 영어: 듣기, 말하기 연습
협력과 공유	• 패들렛 • 잼보드, 구글프레젠테이션, 구글 문서 등 학급의 모든 학생이 동시에 참여 할 수 있는 협업 도구 활용(동시 접속 30명 이하)
학생 참여 모둠 학습	• 소회의실을 활용한 협동학습, 모둠 토론
자발적 참여 촉진	• 카훗, 멘티미터, 소크라티브, 클래스카드 퀴즈배틀, 띵커벨 등
과정중심평가	• 실시간 학생 활동 관찰, 채팅, 소그룹회의 활동 관찰
개별 피드백	• 채팅창을 통한 1:1 피드백으로 참여 독려

☑ 줌 '화면공유' 활용 수업하기

 고급공유옵션 – 참가자 수, 권한 설정	화면공유 메뉴 오른쪽 ∧를 누르면 고급 공유 옵션창이 열림. 동시 공유 참가자 수와 공유 권한을 설정
화면공유/기본 /화이트보드	step1: 하단 메뉴줄에서 화면 공유 클릭 step2: 화이트보드 선택

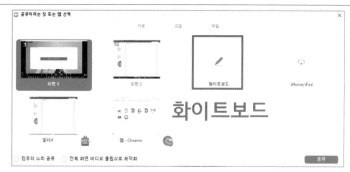

step3: 화이트보드 선택 - 새로운 메뉴바 생김

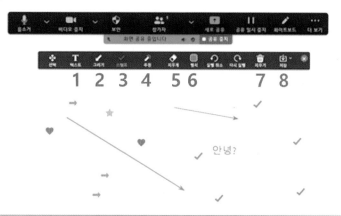

1: 글자 입력   2: 선그리기   3: 스탬프   4: 추천
5: 지우개   6: 형식(색, 선굵기, 글꼴)   7: 지우기   8: 이미지로 저장

✔️ 줌 '소그룹회의' 활용 수업하기

기본 설정	• 설정(톱니바퀴)/일반조항 - 더 많은 설정 보기/회의/회의 중(고급)/소회의실 설정해야 메뉴줄에 나타남 • 예약 시 호스트가 참가자를 소회의실에 할당하도록 허용(선택) **소회의실** ⬤ 호스트가 회의 참가자를 별도의 더 작은 회의실로 나눌 수 있습니다. ☑ 예약 시 호스트가 참가자를 소회의실에 할당하도록 허용 *예약 시 미리 할당 방법: CSV 파일 업로드

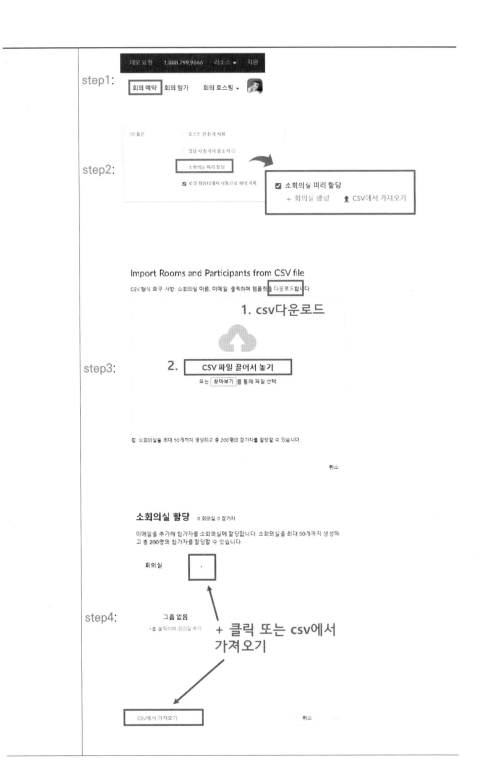

소회의실 만들기	1. 소회의실 만들기: 소회의실의 수, 자동/수동 여부 설정  2. 소회의실 이름바꾸기/삭제: 할당을 눌러 학생을 수동 배정  3. 옵션설정 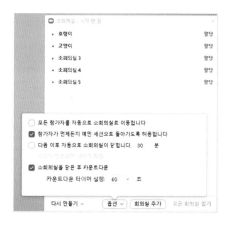

	ㅁ 참가자가 언제든지 메인세션으로 돌아가도록 허용 – 소회의실에서 나갔다 돌아올 수 있음 ㅁ 다음 이후 자동으로 소회의실이 닫힘 – 시간이 다 되어도 열어 둘 수 있음 ㅁ 소회의실 닫은 후 카운트다운 – 설정한 시간 후 메인세션으로 이동
소회의실 수업 tip	• 학생 음소거 해제 • 브로드캐스트 문자 입력: 메시지를 전체에게 브로드캐스트 하면 모든 소회의실에서 메시지 확인 가능 • 소회의실에서 사회자 선정(권한 위임) • 소회의실 참가 후 활동 결과를 전체에 발표하도록 함

✔ 줌 '손들기' 활용 놀이 수업하기

1. '참가자'를 클릭하여 학생 이름이 오른쪽에 나오게 함 2. 교사 – 문제 내기 3. 학생 – 참가자 창 오른쪽 아래 손들기 클릭 4. 참가자 명단은 먼저 손 든 순서대로 표시됨	 출처: 쌍문초 정인재 선생님	 [북부필통] 줌(Zoom) 손들기로 놀이 수업하기

 TIPS

'먼저 손들기 게임'으로 학생들의 참여를 촉진할 수 있다.

☑️ 줌 '퀴즈 배틀'

1. 참가자 창, 채팅 창 열기 2. 교사: 클래스카드/퀴즈배틀/인기 　세트/아재개그/퀴즈배틀 도전/ 　채팅창으로 학생에게 링크 보냄 3. 학생: 선생님이 보낸 링크를 복 　사하여 주소창에 붙여넣고 배틀 　참여/배틀 코드 입력 4. 교사: 모든 학생이 들어오면 배 　틀 시작 클릭	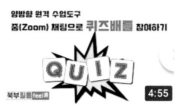출처: 쌍문초 정인재 선생님	[북부 필통] 줌(Zoom) 채팅으로 퀴즈배틀 참여하기

TIPS

1. 과제제시형이나 콘텐츠 제공형 수업 후 교사가 출제한 문제로 퀴즈 배틀을 할 경우
　배운 내용을 정리하거나 복습용으로 유용하다.
2. 퀴즈배틀을 만들 때 입력한 이메일로 온 결과 리포트를 통해 학생의 학습 결과를 알
　수 있다.

제2장   자기주도학습을 위한 디지털교과서

디지털교과서는 서책형 교과서의 내용에 추가하여 용어 사전, 동영상 등 풍부한 멀티미디어 자료, 즉각적 피드백을 주는 평가 문항, 보충 및 심화학습 내용 등 다양한 학습 자료를 담고 있다. AR, VR 등 흥미로운 자료가 많아 학생 스스로 자기 주도 학습을 할 수 있어서 교사가 별도의 디딤 영상을 제작하지 않아도 플립러닝(거꾸로교실)을 할 수 있다.

위두랑은 디지털교과서와 연계된 교육용 커뮤니티 서비스로 교사가 학급을 개설한 뒤 자료를 공유하거나, 과제 제시 및 제출, 토론, 온라인 평가 등을 진행할 수 있다. 에듀넷 아이디로 이용 가능하다. 디지털교과서와 연계하여 모둠학습, 개인 맞춤형 학습을 지원할 수 있다.

☑ 디지털교과서 설치

검색창에 '에듀넷'을 입력하여 에듀넷(www.edunet.net) 접속, 회원가입 후 진행(자세한 설치 방법은 유튜브에서 검색할 수 있다.)

step 1	step 2
온라인 학습 서비스 창에서 '디지털교과서' 선택	'내 서재' 화면에서 오른쪽 위 '구독하기' 클릭

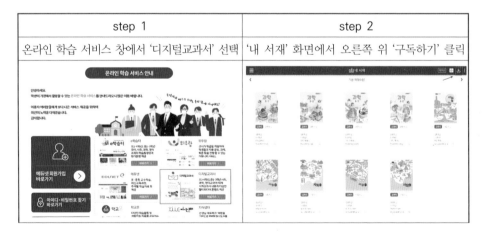

step 3	step 4
'교과서 구독하기' 화면에서 내가 볼 교과서를 선택하여야 함. 선택한 교과서는 내 서재로 이동함.	구독한 디지털교과서를 보기 위해서는 '내 서재'의 디지털교과서를 선택함

✔️ 디지털교과서 들여다보기

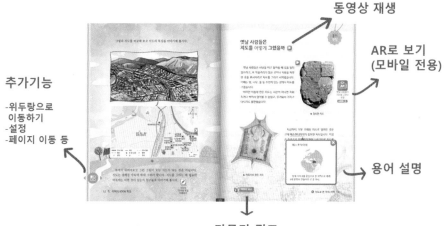

동영상 재생

AR로 보기
(모바일 전용)

추가기능

-위두랑으로
 이동하기
-설정
-페이지 이동 등

용어 설명

마무리 퀴즈

내 서재, 차례, 내 자료함, 확대, 축소,
펜쓰기, 노트, 검색, 커뮤니티(위두랑),
인쇄, 도움말, 페이지 이동

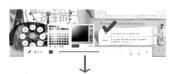

펜쓰기 : 색상, 굵기를 선택하여 화면
위에 자유롭게 쓰고 삭제할 수 있음

✓ 실감형 콘텐츠 활용

- 활용 방법: 보호자의 지도하에 사용하기

구분	활용 방법
가상현실(VR) 및 360° 사진/영상	**VR HMD 모드** • HMD(Head Mounted Display): 머리에 착용하여 가상현실 또는 증강현실의 경험을 할 수 있는 디스플레이 장치. 저렴한 구글 카드보드로 대체가능 • step1: 스마트폰에서 디지털교과서 실감형 콘텐츠를 선택 • step2: 스마트폰을 HMD에 끼움 • step3: HMD를 머리에 착용한 후 화면 가운데의 흰색 원을 원하는 콘텐츠에 맞춘 뒤 3초간 정지하면 작동함 * 장시간 보지 않도록 지도 구글 카드보드 출처: 위키백과 **3D 모드** 스마트폰 또는 스마트패드에 콘텐츠 구동 후 HMD 없이 맨눈으로 기기를 좌우로 움직이며 가상현실 체험
증강현실 (AR)	AR) 콘텐츠 인식 마커(이미지 카드)를 스캔하여 콘텐츠 구동 디지털교과서 및 디지털교과서 홈페이지(http://dtbook.edunet.net, 실감형 콘텐츠 활용자료)에서 다운로드

- 수업 예시

가상현실(VR)	증강현실(AR)	360° 사진/영상
과학 5-2 숲의 먹이 그물	사회 4-1 등고선 살펴보기	사회 4-1 드론으로 땅의 모습 살펴보기

☑ 수업에서 디지털교과서 활용하기

　　디지털교과서에는 핵심개념의 이해를 돕는 자료와 보충·설명자료가 풍부하고, 평가문항이 포함되어 있어 학생 참여·활동 중심의 수업에 활용하기 용이하다.

　　위두랑 및 다양한 스마트 앱/도구와 연계하여 의견 및 자료 공유, 협업 활동, 학습 포트폴리오를 제작할 수 있다.

구분	활용 방법
쌍방향 수업 시 자료로 직접 활용	• 핵심 원리 이해를 도와주는 디지털교과서의 멀티미디어 자료(사진, 동영상, 애니메이션, 조작형 활동자료 등), 용어사전, 평가문항, 보충·심화자료 등을 학생들에게 화면 공유로 제시하며 수업을 진행 • 디지털교과서의 중요 개념을 하이라이트하고 교사 제작 자료, 웹 자원 등을 자료연결 기능으로 링크
플립러닝 사전 학습 자료	• 수업에 앞서 학생 가정에서 디지털교과서로 미리 학습하고, 수업 중 탐구·토의토론·프로젝트 등 학생 중심 활동 실시
협업 활동	• 협업 활동 중 토의·토론 과정은 디지털교과서의 '녹음' 기능으로 기록하여 학습커뮤니티 위두랑에 전송하여 관리 • 노트기능으로 모둠별 학습 활동 수행 후 활동 결과물은 위두랑에 전송 • 다른 학생들의 의견이나 산출물에 동료평가(공감 표시), 공감이 높은 산출물은 발표하여 공유
심화 학습 제공	• 위두랑에 자율과제를 부여하여 디지털교과서의 '녹음' 및 '노트' 기능을 활용해 심화 학습하도록 하여 학습 참여도와 흥미 증진
학생 개별 학습	• 하이라이트, 쓰기, 노트 등 활용하여 개별 학습 가능 • 학생 개별 속도 및 수준에 따른 자기주도적 디지털교과서 학습 및 학습커뮤니티 위두랑 활용을 통한 맞춤형 학습 지원 도구로 활용 • 학생이 디지털교과서를 활용하여 자기주도적 학습 후, 학습한 내용을 동영상으로 정리하여 위두랑에 공유. 동영상과 관련 의견(댓글 등)은 수업자료로 활용 • 위두랑의 설문 기능을 활용하여 배운 내용을 점검, 정리
과정중심평가	• 위두랑에 학생들의 학습 수행 과정과 결과물, 과제 등을 탑재하고 학습 포트폴리오를 만들어 과정중심 평가 자료로 활용 • 위두랑의 설문 기능으로 문제를 출제하여 형성평가

제3장	공유·소통·협업 도구 패들렛(padlet)

padlet

패들렛은 '소책자'라는 뜻으로 담벼락에 포스트잇을 붙이듯이 직관적으로 포스팅할 수 있는 도구다. 원격수업에서 대면 수업과 유사하게 학생들과 소통·협업·공유가 가능하도록 지원하는 유용한 도구이다.

패들렛은 온라인 게시판, 온라인 포트폴리오, 온라인 포스트잇의 역할을 한다. 장점은 학생들이 로그인 없이 글을 작성하고 댓글을 쓸 수 있고, 게시글 형태는 텍스트, 이미지, 링크, 스냅 영상 촬영, 동영상, 스냅카메라, 보이스, 장소, draw, 웹 검색 링크, 패들렛링크 등 다양하여 원격수업에 활용도가 높다. 클라우드 방식으로 작성한 내용이 실시간으로 자동 저장된다. 패들렛의 가장 큰 장점은 원격수업에서 토의·토론, 피드백이 가능하여 교사와 학생 상호 간에 활발한 소통이 가능하다.

☑ 가입 및 설치

유튜브에서 줌의 설치에 관한 다양한 자료를 찾아볼 수 있다.

(교사용-) https://youtu.be/WZbf1j9YhPk (학생용-) https://youtu.be/XyoAJaMCjuI

• 크롬 브라우저 패들렛 검색 후 padlet.com 접속

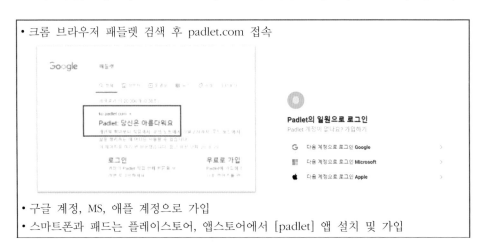

• 구글 계정, MS, 애플 계정으로 가입
• 스마트폰과 패드는 플레이스토어, 앱스토어에서 [padlet] 앱 설치 및 가입

• 무료 가입 시 패들렛 3개 제공, • 유료는 게시판을 무제한으로 만들 수 있음, 업로드 250MB (무료는 10MB), 폴더 정리 가능
공유 및 참가
1. 학생들에게 패들렛 링크 주소, 큐알(QR)코드 제공, 로그인 없이 참여가능(패들렛 매뉴얼 참조) 2. 학생들이 팀 패들렛 제작하여 협업도구, 개인 패들렛 제작하여 포트폴리오로 사용 (학생들이 구글 계정으로 가입하면 패들렛 제작 및 패들렛 실명으로 참여 가능)

패들렛 가입 Tip

교사인증 시 패들렛 5개 제공

패들렛 가입 → 오른쪽 상단 아이디, 사진 클릭 → 설정 → 교사인증 → 업데이트

☑️ 패들렛 매뉴얼

1. 패들렛 만들기

- 패들렛 만들기: 패들렛 종류 – 선택 – 설정
- 패들렛 가입: 다른 사람이 만든 패들렛 주소 적기 – 패들렛 공유받기
- 갤러리: 패들렛 사용 예시 자료
- 업그레이드: 유료 전환 안내

2. 패들렛 종류 및 활용방법

학습에서 사용하려는 목적에 맞게 선택하여 사용(사용 중 서식변경도 가능)

〈템플릿 유형별 활용 방법〉

패들렛 종류	게시형태	수업활용
담버락(Wall)	벽돌 형식으로 게시글이 자동으로 붙는 벽보 형식	자료 공유, 결과물 게시, 랜선 미술관, 랜선 박물관
캔버스	포스트잇처럼 자유롭게 배치하고 관련 주제끼리 선으로 묶어서 유목화할 수 있는 형식	마인드 맵, 브레인스토밍, 분류하기
스트림	게시판이 세로로 길게 나열된 형식	순서가 있는 스토리보드, 발표할 때 서식변경을 사용하여 순서대로 제시
그리드	가로 4칸 형태의 바둑판 모양으로 정렬 형태	랜선 미술관, 결과물 공유, 질의응답
선반(셀프)	한 열씩 제목 아래쪽에 게시판 정렬 형태	유목화, 분류, 주제별 토론, 팀별활동, 학생별 게시판
백채널	대화형태로 내용 정리	시나리오 작성, 주제 토의
지도	지역, 나라, 세계지도 위의 특정 장소에 게시판 부착 *지도 활용 수업에 강력히 추천	위치, 지리와 관련된 수업의 자료(이미지, 영상)게시
타임라인	가로로 시간의 흐름이나 순서대로 내용 정리	이야기 만들기, 시대별 유물, 사건기록, 식물, 동물의 한 살이 일지, 집콕챌린저 일지

3. 패들렛 환경 설정 메뉴

1) 설정(수정)

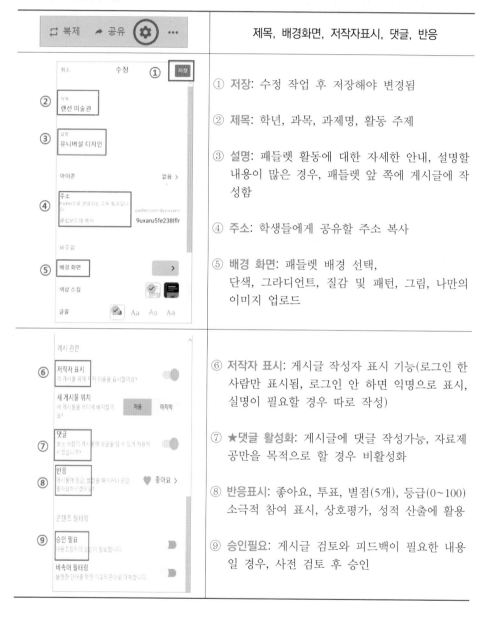

	제목, 배경화면, 저작자표시, 댓글, 반응
	① 저장: 수정 작업 후 저장해야 변경됨
	② 제목: 학년, 과목, 과제명, 활동 주제
	③ 설명: 패들렛 활동에 대한 자세한 안내, 설명할 내용이 많은 경우, 패들렛 앞 쪽에 게시글에 작성함
	④ 주소: 학생들에게 공유할 주소 복사
	⑤ 배경 화면: 패들렛 배경 선택, 단색, 그라디언트, 질감 및 패턴, 그림, 나만의 이미지 업로드
	⑥ 저작자 표시: 게시글 작성자 표시 기능(로그인 한 사람만 표시됨, 로그인 안 하면 익명으로 표시, 실명이 필요할 경우 따로 작성)
	⑦ ★댓글 활성화: 게시글에 댓글 작성가능, 자료제공만을 목적으로 할 경우 비활성화
	⑧ 반응표시: 좋아요, 투표, 별점(5개), 등급(0~100) 소극적 참여 표시, 상호평가, 성적 산출에 활용
	⑨ 승인필요: 게시글 검토와 피드백이 필요한 내용일 경우, 사전 검토 후 승인

2) 공유

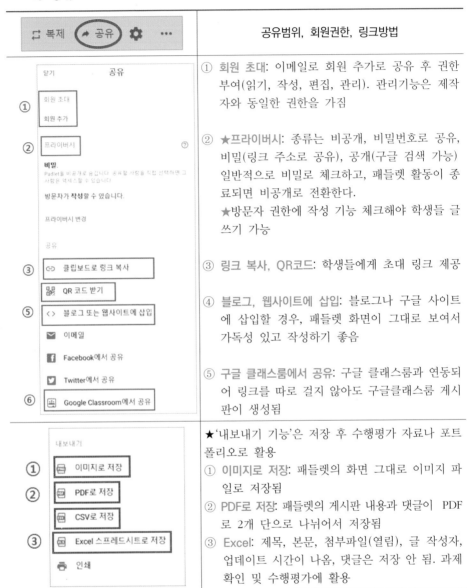

	공유범위, 회원권한, 링크방법
 	① **회원 초대**: 이메일로 회원 추가로 공유 후 권한 부여(읽기, 작성, 편집, 관리). 관리기능은 제작자와 동일한 권한을 가짐 ② **★프라이버시**: 종류는 비공개, 비밀번호로 공유, 비밀(링크 주소로 공유), 공개(구글 검색 가능) 일반적으로 비밀로 체크하고, 패들렛 활동이 종료되면 비공개로 전환한다. ★방문자 권한에 작성 기능 체크해야 학생들 글쓰기 가능 ③ **링크 복사, QR코드**: 학생들에게 초대 링크 제공 ④ **블로그, 웹사이트에 삽입**: 블로그나 구글 사이트에 삽입할 경우, 패들렛 화면이 그대로 보여서 가독성 있고 작성하기 좋음 ⑤ **구글 클래스룸에서 공유**: 구글 클래스룸과 연동되어 링크를 따로 걸지 않아도 구글클래스룸 게시판이 생성됨
	★'내보내기 기능'은 저장 후 수행평가 자료나 포트폴리오로 활용 ① **이미지로 저장**: 패들렛의 화면 그대로 이미지 파일로 저장됨 ② **PDF로 저장**: 패들렛의 게시판 내용과 댓글이 PDF로 2개 단으로 나뉘어서 저장됨 ③ **Excel**: 제목, 본문, 첨부파일(열림), 글 작성자, 업데이트 시간이 나옴, 댓글은 저장 안 됨. 과제 확인 및 수행평가에 활용

TIPS

패들렛을 여러 개 쓰는 TIP

무료로 패들렛을 여러 개 쓰고 싶을 때 회원초대 기능을 활용한다. 구글계정을 여러 개 만들고 주로 쓰는 계정을 다른 계정의 패들렛에 회원초대로 공유하고 관리 권한을 부여한다. 주로 쓰는 계정에 공유받아서 여러 개의 패들렛을 편리하게 쓸 수 있다.

3) 더보기

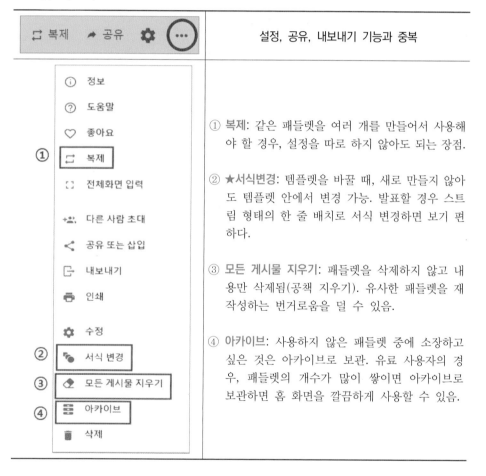

⊏ 복제　✦ 공유　✿　⋯	설정, 공유, 내보내기 기능과 중복
① ⓘ 정보 ⑦ 도움말 ♡ 좋아요 **① ⊏ 복제** ⌗ 전체화면 입력 +⚇ 다른 사람 초대 < 공유 또는 삽입 ⌐ 내보내기 🖶 인쇄 ✿ 수정 **② 🖌 서식 변경** **③ ◆ 모든 게시물 지우기** **④ ☰ 아카이브** 🗑 삭제	① 복제: 같은 패들렛을 여러 개를 만들어서 사용해야 할 경우, 설정을 따로 하지 않아도 되는 장점. ② ★서식변경: 템플렛을 바꿀 때, 새로 만들지 않아도 템플렛 안에서 변경 가능. 발표할 경우 스트림 형태의 한 줄 배치로 서식 변경하면 보기 편하다. ③ 모든 게시물 지우기: 패들렛을 삭제하지 않고 내용만 삭제됨(공책 지우기). 유사한 패들렛을 재작성하는 번거로움을 덜 수 있음. ④ 아카이브: 사용하지 않은 패들렛 중에 소장하고 싶은 것은 아카이브로 보관. 유료 사용자의 경우, 패들렛의 개수가 많이 쌓이면 아카이브로 보관하면 홈 화면을 깔끔하게 사용할 수 있음.

4) 패들렛 글쓰기

게시판 생성 방법	
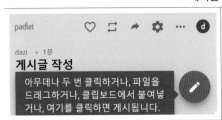	* 패들렛에 게시글 작성 시작 방법 1. 빈 화면을 두 번 클릭하기 2. 더하기(아이콘), 펜 표시 클릭하기 3. 게시할 파일이나 이미지를 드래그하기 4. 클립보드에서 붙여넣기

패들렛의 게시 형태: 원격수업활용을 위해 꼭 알아야 할 기능	
	① 업로드: 컴퓨터에 저장된 파일 올리기 ② 링크: url 주소 링크, 무료 패들렛의 경우 10 MB로 용량이 큰 동영상이나 이미지는 링크로 올려야 학급 전체가 게시할 수 게시 ③ 구글: 검색 기능으로 자료 게시 쉽게 가능 ④ 스냅: 활동 사진을 직접 찍어서 게시 ⑤ 필름: 활동 영상을 직접 촬영하여 게시 ⑥ 음성: 음성녹음 ⑦ 화면: 5분간 화면 녹화 기능으로 별도의 크롬 확장 프로그램 설치 후 사용. 화면 공유기능으로 발표를 녹화해서 게시 ⑧ 그리기: 마우스나 펜으로 그리기 기능 ⑨ 장소: 추가할 장소를 검색하여 지도나 이미지로 저장 ⑩ 패들렛: 다른 패들렛과 연동. 팀별 발표 패들렛을 메인 학습 패들렛에 연결하여 사용

게시글 편집과 전송 및 복사	
	① 포스트 배경 색 선택 ② 게시물 편집: 게시 내용 편집 ③ 게시물 전송: 다른 패들렛에 전송되고 삭제됨. ④ 게시물 복사: 다른 패들렛에 복사되고 게시물 남음.

 TIPS

패들렛에 영상 게시 Tip

무료는 10MB 용량 제한이 있으므로 학생들의 동영상을 파일로 받아서 구글 드라이브나
유튜브에 업로드하여 url주소를 링크하면 용량제한에 없이 올릴 수 있다.

4. 패들렛 활용 수업

패들렛을 수업에 활용하는 방법은 대면수업의 사례만큼 무궁무진하다. 이
책에서 다루는 학습자 중심 학습환경에 적절한 대표적인 예시를 정리하였다.

1) 학생 활동 결과물 및 수업자료 게시

북튜버 프로젝트 (담벼락 템플릿)
(독서단원을 북튜버 프로젝트로 운영하고 북튜커 영상 올리고 감상하기)

랜선 플리마켓 프로젝트 (담벼락 템플릿)

(경제수업, 도덕수업에서 랜선 플리마켓을 운영하여 사고 팔고, 등교일에 실물거래하기)

4.19혁명 추모관 (담벼락 템플릿)

(국어의 시 쓰기, 4.19혁명 통합 프로젝트)

2) 토의·토론활동(브레인스토밍, 팀 토의, 찬반 토론)

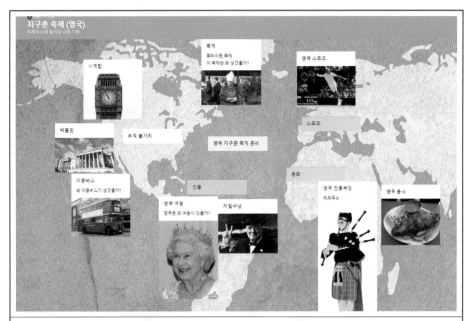

지구촌 축제 준비 팀별 브레인 스토밍(캔버스 템플릿)
-아이디어 제시와 자료수집을 동시에 할 수 있음.

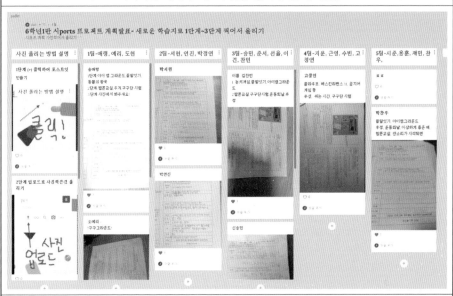

시포츠 프로젝트 팀별 계획서 토의 및 피드백(선반 템플릿)
-교사가 학생들의 활동에 피드백 제공

3) 패들렛 map

지도와 관련된 우리고장, 우리지역, 우리나라, 세계지리, 역사 학습 시 활용

패들렛 map 게시 방법
1. 옵션1: 원하는 지역을 검색하면 위치 표시된다. 구글과 연동돼서 관련 이미지, 영상, 설명 검색 후 게시 2. 옵션2: 원하는 위치에 드래그하면 위치 표시된다. * 지도는 ctrl+마우스 스크롤을 하면 축소, 확대가 된다. * 지도의 범위는 우리 마을, 시, 나라, 세계까지 범위를 설정할 수 있다.

4) 학생 개인별 과제 제출

선반 형태로 학생 수(번호 이름 작성)만큼 만들어 한눈에 결과물 확인

5) 기타 창의적인 패들렛 활용 30가지 아이디어

http://gg.gg/padlet3030

제4장 그밖에 유용한 교육용 도구

---

1 구글어스(프로)

구글어스는 위성 영상 지도 서비스로서 세계 여러 지역의 위성 이미지, 지도, 지형, 3D 건물 정보부터 해저, 우주까지도 보여주어 교육적 활용 가치가 크다. 구글어스 프로는 보다 많은 기능을 제공한다.

✓ 설치

step1	구글 검색창에 '구글 어스' 입력
step2	어스 버전 선택
step3	데스크탑용 구글어스 프로 선택

☑ 주요 기능

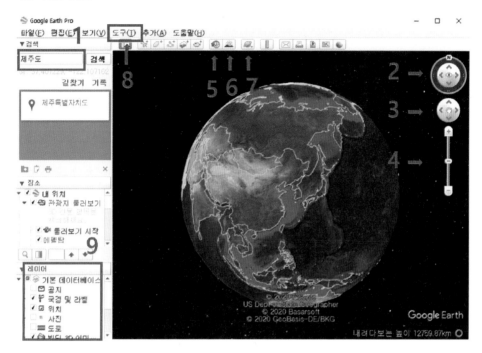

번호	제목	설명
1	검색창	찾고 싶은 곳의 지명, 또는 주소를 입력 예. 제주도, 서울, 한강, 독도, 중구 장충동 1가 등
2~4	회전	2: 회전, 3: 이동, 4: 확대 및 축소
5	과거이미지	1930년~2016년까지 촬영 날짜에 따른 이미지를 보여줌
6	태양	낮 시간인 지역에 햇빛 표시
7	탐색영역	지구, 하늘, 화성, 달
8	도구	무비메이커로 동영상 만들기, 비행시뮬레이션 작동
9	레이어	국경, 도로, 빌딩 3D이미지, 날씨(구름). 지형 등 표시 선택

✔ 수업 활용

구글 어스 활용 가능한 주요 교과 및 단원(예)

사회 3-1-1. 우리 고장의 모습	우리 고장의 여러 장소에 대해 이야기해보기 다양한 위치에서 우리 고장의 장소 살펴보기
사회 3-2-1. 환경에 따라 다른 삶의 모습	땅의 생김새에 따른 우리 고장사람들의 생활 모습 살펴보기
사회 4-1-1 지역의 위치와 특성	방위표, 기호와 범례, 축척, 등고선, 우리 지역의 중심지
사회 4-2-1 촌락과 도시의 생활 모습	촌락과 도시의 모습
사회 6-2-1. 세계 여러 나라의 자연과 문화	세계지도, 지구본, 디지털 영상 지도의 특징 세계의 여러 대륙과 대양 세계 여러 나라의 면적과 모양
과학 3-1-5. 지구의 모습	지구의 표면의 모습, 육지와 바다의 모습, 지구의 모양, 달의 모습
과학 6-1-2. 지구와 달의 운동	낮과 밤이 생기는 까닭, 별자리

창의적체험활동 범교과 주제 학습 관련(예)

독도는 우리 땅	〈독도 교육〉 독도의 위치, 독도의 모습, 자연환경 탐색, 독도의 중요성
북극의 얼음이 정말 줄어들고 있을까? (출처: 미상)	〈지속가능한 발전 교육〉 1. 검색창에 '북극'을 입력하여 북극으로 이동 2. 과거이미지 클릭 3. 타임 슬라이더를 이동하며 얼음의 변화를 관찰

1930년 북극의 얼음 / 2016년 북극의 얼음

	〈인간과 환경개발〉	
바다가 육지라면	1990년 인천광역시 송도	2016년 인천광역시 송도

② 아트앤컬쳐

구글 아트앤컬쳐는 세계의 문화재(박물관, 미술관 등)를 온라인으로 제공하는 구글에서 개발한 웹사이트와 앱이다. 세계 70개 국가의 1,000개가 넘는 박물관을 무료로 열람할 수 있으며 구글의 도구를 통해 깊이 있게 예술을 탐색할 수 있다.

- 모바일 앱 설치
- 웹에서 로그인 필요 없음

✅ 찾아가기

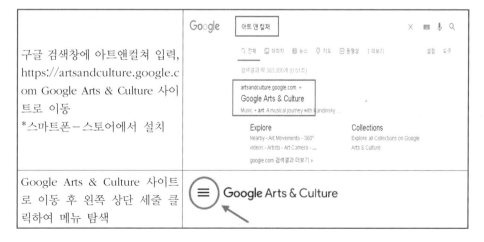

구글 검색창에 아트앤컬쳐 입력, https://artsandculture.google.com Google Arts & Culture 사이트로 이동 *스마트폰－스토어에서 설치	
Google Arts & Culture 사이트로 이동 후 왼쪽 상단 세줄 클릭하여 메뉴 탐색	

유튜브 채널을 통해 아트앤컬쳐의 다양한 메뉴를 감상할 수 있다.
유튜브 검색에서 '구글 아트앤컬쳐'를 입력한다.

☑ 주요 메뉴

찾아보기: 홈 화면에서 오른쪽 위

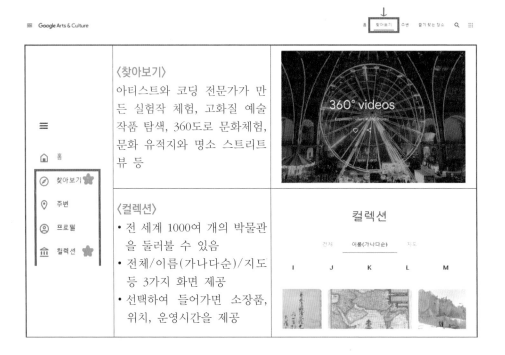

	〈찾아보기〉 아티스트와 코딩 전문가가 만든 실험작 체험, 고화질 예술작품 탐색, 360도로 문화체험, 문화 유적지와 명소 스트리트 뷰 등	
	〈컬렉션〉 • 전 세계 1000여 개의 박물관을 둘러볼 수 있음 • 전체/이름(가나다순)/지도 등 3가지 화면 제공 • 선택하여 들어가면 소장품, 위치, 운영시간을 제공	

테마 ✿ 실험 아티스트 재료 화파 역사적 사건 역사적 인물 장소 정보 활동 보기 의견 보내기	〈테마〉 예술, 역사, 문화의 주요 테마에 관한 심층 콘텐츠	 AI로 상형 문자를 읽는 방법
	〈수업에 활용하기〉 증강현실로 예술 경험하기, 박물관 내부 둘러보기, 가장 가까운 뮤지엄 찾기, 유적지와 명소 둘러보기, 나와 닮은 미술 작품 찾기, 역사적 인물 탐색, 특정 장소에 대한 탐색, 재료 사진 탐색	

❸ 툰타스틱(Toontastic)

툰타스틱은 스마트폰으로 3D 애니메이션을 아주 쉽게 만들 수 있는 저작 도구이다.

- 로그온, 비밀번호 없음
- 원하는 배경과 장면을 직접 그리거나 선택함
- 캐릭터를 골라 마음대로 이동시키며 내 목소리로 녹음하며 이야기를 연출함
- 간단한 조작으로 쉽게 제작 가능

🏆 설치

구글플레이스토어나 앱스토어에서 Toontastic 3D를 검색하여 설치

🎯 3D 애니메이션 만들기

step1: 스토리 형식 선택 - 짧은 이야기 3단계 선택

 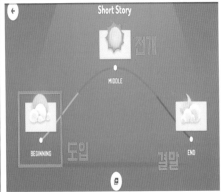

step2: 배경선택	step3: 인물선택

step4: 인물 꾸미기	step5: 녹화하기

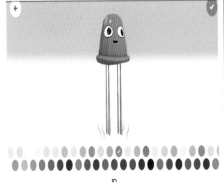 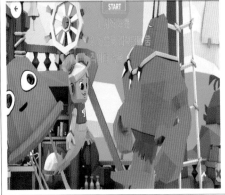

step6: 배경음악 정하기	step7: 이야기 제목, 만든 이 기록

step8: 내보내기	step9: 발표 및 공유
	 친구들과 동영상 감상하기

☑ 수업 활용(예)

- 이어지는 내용을 상상하여 역할극으로 표현하기
- 사회적 문제에 대한 사례를 만화로 표현하기

4 크롬뮤직랩(Chrome Music Lab)

뮤직랩은 즐기는 가운데 음악과 친해질 수 있도록 만든 서비스이다.

- 12가지 다양한 프로그램 제공, 누구나 작곡 가능
- 링크로 다른 사람과 공유
- 무료, 회원가입 필요 없음

✅ 접속하기

구글 검색창에서 구글 뮤직랩 입력 후 아래의 사이트에 접속한다.

musiclab.chromeexperiments.com ▾ 이 페이지 번역하기
Chrome Music Lab
Thanks for checking out Chrome Music Lab. Unfortunately, your browser doesn't support the technology that makes these experiments work. For the best ...

✅ 활용하기

SONG MAKER 다양한 악기로 멜로디, 반주 작곡	RHYTHM 4가지 유형의 악기로 리듬을 체험

SPECTROGRAM 사람 목소리나 악기의 음높이와 길이를 스펙트럼으로 표시	CHORDS 장조와 단조의 화음을 연주
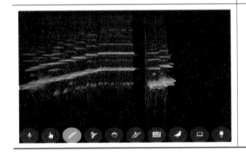	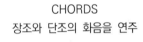 

TIPS

이 외에도 SOUND WAVES, ARPEGGIOS, KANDINSKY, MELODY MAKER, VOICE SPINNER, HARMONICS, PIANO ROLL, STRINGS 등 다양한 음악 놀이를 제공한다.(홈페이지 참조)

5 OBS 스튜디오

OBS 스튜디오는 모니터 화면을 전송(스트리밍), 녹화하는 무료 공개 프로그램이다. 유튜버들이 게임 방송 스트리밍을 할 때 많이 사용하는데, 간단한 설정으로 화면을 녹화하며 원격 수업 도구로 활용할 수 있다.

1. 기본 설정 및 녹화 방법

1) 수동 설정 : [예]를 누름

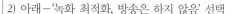

2) 아래-'녹화 최적화, 방송은 하지 않음' 선택

3) 비디오 설정: [다음] 누름

4) 최종 결과: [설정 적용] 누름

5) [소스목록]: 기본 화면녹화를 할 때에는 +를 누르고 [디스플레이 캡쳐]-모니터가 2개 이상이면 하나 선택. '커서 캡쳐' 해제하면 마우스 안 보임.

6) 5번을 하면 빨간색 가이드라인이 생기는데, 포인트점을 잡고 크기조절이 가능해 녹화영역을 지정할 수 있음(줄이는 것보다 오버사이즈가 좋음)

7) [소스목록]: ＋누르고 [비디오캡쳐장치], [확인]
화면 위로 추가로 뜸. 크기조절, 위치 변경 가능.

8) [소스목록]: 눈모양 아이콘을 사용하지 않을 땐 눌러 두면 보이지 않음

9) 마우스 커서 안 보이게 할 때: [소스목록] → [디스플레이캡쳐]위 오른쪽 마우스 클릭 → 맨아래 [속성] → [커서 캡처] 해제하면 사라짐

10) [제어]: [녹화시작], 잠시 멈출 땐 Ⅲ, 끝낼 땐 [녹화중단] (끝내기는 프로그램 끝내기임!)

2. 녹화 파일 확장자 변경: mkv 파일로 저장되므로 mp4로 바꿔야 함

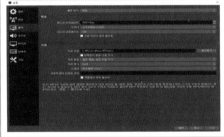

1) 왼쪽 위 [파일]의 [설정] /또는 오른쪽 아래 [설정] 누름

2) [출력]: 녹화형식을 mp4로 설정. (비트레이트 4000 정도/인코더는 소프트웨어로/녹화경로(저장위치)도 여기서 설정 가능)

3. 비디오 캡쳐 장치

1) [소스목록]: +누르고 [비디오캡쳐장치], [확인]	2) 화면 반전하고 싶으면, 비디오 화면 위 오른쪽 마우스 클릭 → [변환] → [수평으로 뒤집기]

윈도우10 화면 녹화 방법과 비교

1) Win+ I → [게임]에 들어감	2) [게임 바]에서 2개 파란색이 되게 체크
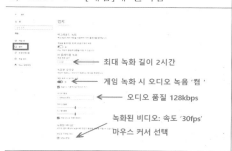	
3) [캡쳐] • 저장 위치: 내PC-동영상 안에 있는 캡쳐스 폴더를 원하는 위치로 이동해도 됨 • 백그라운드 녹화: 이 플레이를 녹화 '2시간' 설정	4) 녹화 단축키 • Win+G: 게임 바 열기(녹화할 화면이 하나라도 열려 있어야 활성화 됨) • Win+Alt+R: 바로 녹화 시작

• 녹음된 오디오: '켬'(화면 소리 안 넣으려면 '끔') 　오디오 품질 '128kbps' • 녹화된 비디오: 속도 '30fps', 마우스 커서 선택	

❻ 클로바더빙

1. 크롬 브라우저에서 '클로바더빙' 입력 2. 네이버 아이디로 로그인	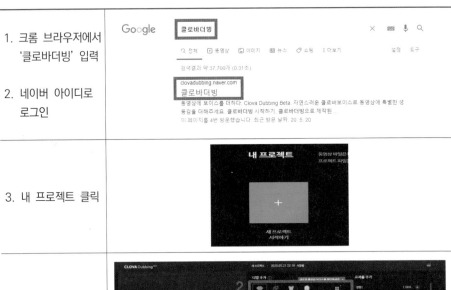
3. 내 프로젝트 클릭	
4. 편집 화면	

1. 동영상 추가
2. 더빙 목소리 선택 – 전체보기 참조
3. 더빙할 내용 입력 – 미리 한글로 편집 후 복사, 붙여넣기
4. 3번 미리 듣기

	5. 동영상 재생 　동영상과 음악이 하나로 묶임 6. 프로젝트 저장 – 나중에 프로젝트를 편집할 수 있음(소리 바꾸기, 　글수정 등) 7. 다운로드: 내컴퓨터 – 다운로드 참조
5. 기타 　더빙 내용 편집	
6. 활용	• 더빙 내용 편집: 미리 한글로 정리 • 적당한 띄어 읽기, 안될 경우 2개로 분리 • 세로 줄 이동하여 미리 들어보기 • 영상의 길이는 3분 이내

7 미리캔버스(miri canvas)

　미리캔버스는 저작권 걱정 없이 쓸 수 있는 무료 디자인으로 알려져 있으며 디자인이 필요한 곳에서 손쉽게 쓰이고 있다.

- 학교 홈페이지나 SNS에 게시할 이미지 만들기
- 학교 현수막, 배너, 포스터 만들기
- 학교에서 필요한 모든 디자인 만들기
  - ppt수업자료 만들기
  - 교실 환경 미화
  - 이름표, 시간표, 쿠폰 등
  - 각종 안내물, 인쇄물 등

회원 가입 및 만들기

- 크롬으로 접속, 구글에서 미리캔버스를 검색 및 회원 가입
- '바로 시작하기'를 눌러 만들기 시작

✔️ 메뉴

사진	• 사진 – 미리캔버스에서 저작권을 허가받고 올려놓은 사진들 • Pixabay – 무료사진을 검색하여 사용 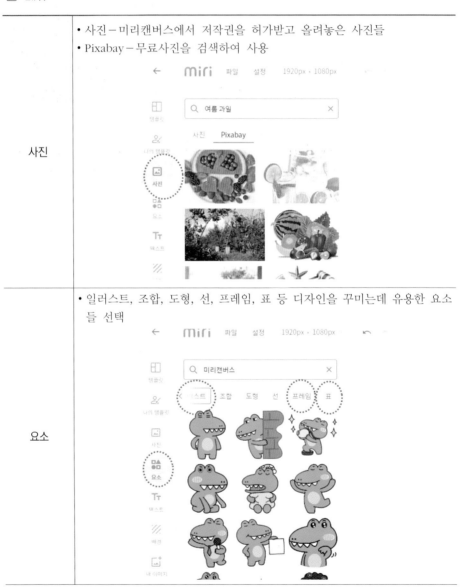
요소	• 일러스트, 조합, 도형, 선, 프레임, 표 등 디자인을 꾸미는데 유용한 요소들 선택

저장 및 공유	1-웹에서의 작업 저장 2-공유(댓글을 남기거나 복제할 때에는 가입해야 됨) 3-다운로드(웹용/인쇄용) 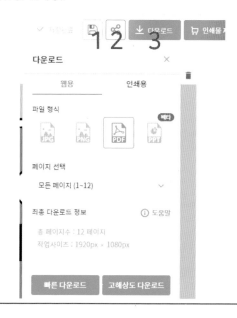

✔️ 미리캔버스 사용 범위(저작권 관련)

1. 특정 요소 1개만 사용하는 것은 안됨. 2개 이상의 요소를 활용하여 디자인의 형태로 만들면 가능
2. 직접 추가한 요소는 본인이 직접 저작권 확인하기
3. 텍스트 편집 가능 옵션 이용 시 폰트 저작권 확인해보기(PPT 관련)
4. 미리캔버스에서 다운로드한 ppt파일은 공유/배포할 수 없음.
   → 만든 파일을 공유하고 싶으면 통 이미지(빠른 다운로드)나 pdf로 다운받기
   - ppt다운로드 시
     - 개별 요소 이미지화(권장)
     - 텍스트 편집 가능(다운로드하여 pc에 설치된 파워포인트로 편집을 할 경우 내가 가지고 있는 폰트가 저작권에 걸리지 않는지 확인하기)

→ 다른 사람에게 편집이 가능한 형태로 제공하고 싶을 때에는 화면 윗부분의 공유 기능 사용하기

공유 링크 권한을 복제 가능으로 놓고 jpg, png, pdf 파일의 형태는 상관없음

5. 미리캔버스에서 다운받은 jpg를 한글에 삽입하는 것은 가능

6. ppt파일에 포함된 요소를 다른 문서에 사용할 수 없음

7. 인물사진은 모델의 명예를 훼손하는 내용에 사용할 수 없음.(초상권, 인격권)

8 글씨팡팡

글씨팡팡은 글자에 애니메이션 효과를 주는 앱으로 플레이스토어나 앱스토어에서 설치한다. 화려하게 눈에 띄는 다양한 템플릿을 제공한다. 앱을 열면 영상과 글로 사용법을 자세히 소개하고 있어서 누구나 쉽게 이용할 수 있다. 미리캔버스와 같이 학급에서 널리 사용한다.

✔ 기능

첫 화면: 메뉴 소개	작업 시작	메시지 만들기

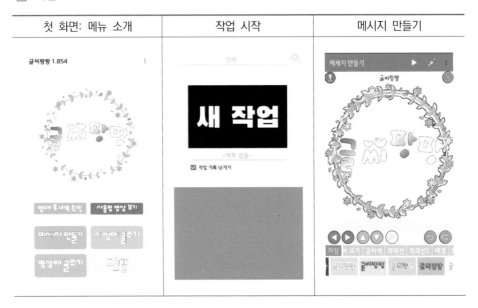

사진에 글쓰기	영상에 글쓰기	도움말
		글씨팡팡 도움말 1. 저장하는법 2. 카톡에서 바로 실행하는법 3. 사진에 글씨 넣는법 4. 동영상에 글쓰기 5. 외부폰트 추가하기

⑨ 픽 콜라주(Pic collage)

☑ 사진

　콜라주, 프레임, 레이아웃변경 & 패턴 배경, 템플릿

☑ 설치

　안드로이드에서 픽콜라주 앱 다운로드

☑ 수업활용

- 콜라주 미술작품, 명화 패러디 작품 만들기
- 포스터, 광고 만들기
- 시그림책 만들기
- 팝아트 작품 만들기

첫 화면: 메뉴 소개	자유 형식으로 작업 시작

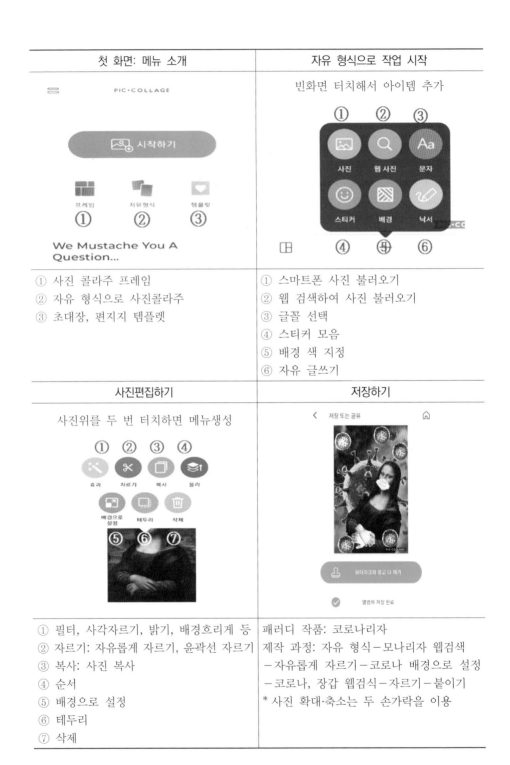

① 사진 콜라주 프레임 ② 자유 형식으로 사진콜라주 ③ 초대장, 편지지 템플렛	① 스마트폰 사진 불러오기 ② 웹 검색하여 사진 불러오기 ③ 글꼴 선택 ④ 스티커 모음 ⑤ 배경 색 지정 ⑥ 자유 글쓰기

사진편집하기	저장하기

① 필터, 사각자르기, 밝기, 배경흐리게 등 ② 자르기: 자유롭게 자르기, 윤곽선 자르기 ③ 복사: 사진 복사 ④ 순서 ⑤ 배경으로 설정 ⑥ 테두리 ⑦ 삭제	패러디 작품: 코로나리자 제작 과정: 자유 형식 – 모나리자 웹검색 – 자유롭게 자르기 – 코로나 배경으로 설정 – 코로나, 장갑 웹검식 – 자르기 – 붙이기 * 사진 확대·축소는 두 손가락을 이용

🔟 세 줄 일기

세 줄의 글과 사진으로 짧으면서 감성 있는 글쓰기, 갤러리 구독과 공유

☑ 설치 및 가입

- 앱스토어, 플레이스토어에 세 줄 일기 검색 다운로드
- 구글, 페이스북, 메일 중 선택하여 가입, 유료사용하면 템플렛 제공받음

☑ 수업 활용

- 일지 형식의 식물 관찰일지, 나비의 한 살이, 달 관찰일지
- 독서일기, 생활일기, 함께 쓰는 일기
- 장기 프로젝트에 활용: 집콕 챌린지, 책 만들기

첫 화면: 앱설치	로그인하기

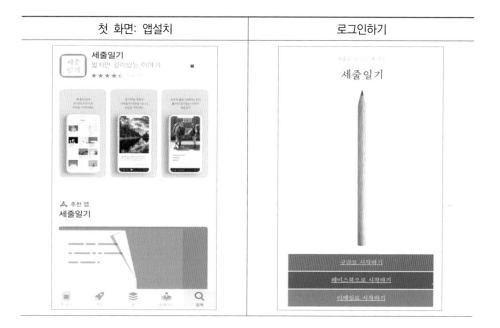

세 줄 일기 작성	저장하기

– 프로필 편집, 필명, 키워드, 소개 작성 – 공개, 비공개 선택 – 일기책 제목·표지 사진 선택하기 – 세 줄 일기 기록하기, 날짜, 장소 입력 – 일기에 맞는 사진 선택하기	– 세 줄 일기 공유 갤러리 감상하기: 좋아요 댓글달기, 구독하기 기능 – 취미별, 직업별, 나이별, 관심사별 구독 가능

11 멘티미터

학생들에게 코드만 알려주면 별도의 앱 없이 접속하여 투표(설문)에 쉽게 참여할 수 있다. 다지선다(Multiple Choice), 워드 클라우드(Word Cloud), 자유 서술(Open Ended) 등 다양한 설문 유형을 제공한다. 시각적으로 뛰어난 응답 결과를 현장에서 바로 확인함으로써 교사와 학생 간 상호작용을 촉진한다. 의견을 수렴하는 다양한 경우에 활용도가 높다.

☑️ 멘티미터 시작부터 결과 정리까지

step 1: www.mentimeter.com 접속, 회원 가입	step 2: 새 프레젠테이션 만들기 및 이름 (제목) 입력

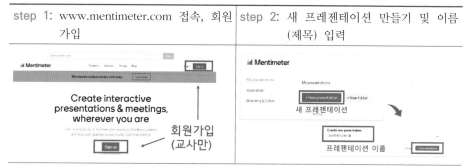

step 3: Type 문제의 유형 선택하기

Question Type과 Quiz 중에서 적절한 유형을 선택하면 다음 단계인 Content로 자동으로 넘어감

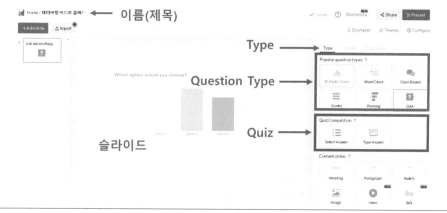

step 4: 'Content'에서 질문 내용을 입력함. Type에서 고른 형태별로 조금씩 다른 내용으로 구성됨. 필요한 내용을 입력 후 'Present'를 누르면 설문 시작 화면으로 넘어감

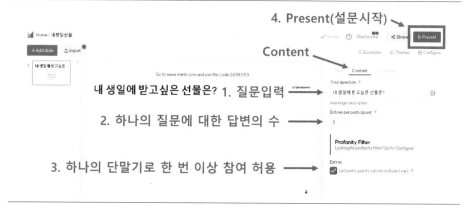

step 5: 설문 시작
- 설문 시작화면은 맨 위에 설문 물음만 보임
- 마우스를 왼쪽 아래로 가져가면 메뉴가 생김
- 이 중에서 가장 앞에 있는 ≡를 클릭하면 또 새로운 메뉴가 열림
- 'Show voting instruction'을 클릭하면 학생 안내용 사이트 주소와 숫자코드, 큐알코드가 화면에 크게 표시됨
- 큐알코드를 찍으면 곧바로 질문에 답할 수 있는 화면으로 연결됨

	1 ≡를 클릭하면 새 창이 나타남
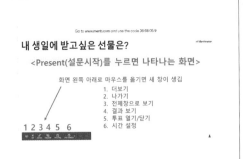	 

step 6: 응답 안내 – 교사 컴퓨터 화면 Show voting instruction을 누르면 나타나는 화면	step 7: 응답하기 – 학생 스마트폰
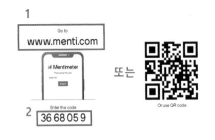	

step 8: 교사 화면에 응답 표시됨 워드클러스터 형식에서는 많이 나온 낱말을 큰 글자로 보여줌	step 9: 결과 내보내기 학생들의 응답 결과를 엑셀, pdf, jpg로 저장할 수 있음
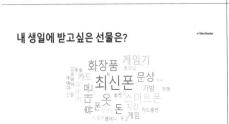	

✅ 멘티미터 관리하기

멘티미터에 로그인을 하면 아래와 같은 화면이 열린다. 여기에서는 만들어 놓은 Present 열기, 결과 내보내기, 링크 공유, 이름 바꾸기, 폴더로 이동하기, 복사, 삭제 등의 관리 작업을 할 수 있다.

✅ 멘티미터의 유형

멘티미터에서는 다지선다, 워드 클라우드, 자유서술 등 다양한 유형의 질문을 할 수 있다.

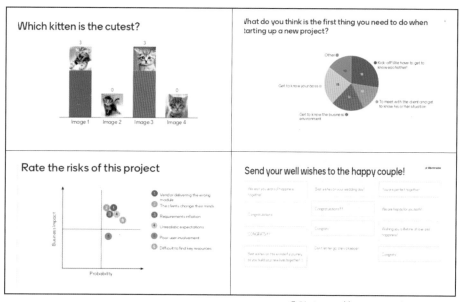

출처: https://www.mentimeter.com

12 띵커벨

띵커벨은 실시간 쌍방향 수업에서 학생들의 열띤 참여를 이끌어 낼 수 있는 퀴즈프로그램이다. 교사가 미리 퀴즈를 만들어 두고 학생을 초대하면 실시간으로 학생들이 참여하여 퀴즈를 풀며 학습을 하거나, 학습한 내용을 형성평가할 수 있다.

✔️ 수업 활용

- 라이브러리에서 이미 만들어진 퀴즈를 불러와 사용할 수 있음
- 교사 본인이 직접 제작한 퀴즈는 보관함에 넣어두고 불러와 사용함
- 학생에게 참여 주소(http://tkbell.kr)와 방번호를 알려주고 시작함
- 학생에게 과제로 내보낼 수 있음
- 띵커벨 유형

퀴즈	OX, 선택형, 단답형, 빈칸형, 서술형
토의 토론	찬성반대, 신호등, 가치수직선, 투표, 띵킹보드, 워드클라우드

✔️ 실시간 쌍방향 원격수업에서 동시에 함께 참여하는 실시간 퀴즈하기

step 1. 회원가입	step 2. 만들기
크롬에서 https://www.tkbell.co.kr 접속 회원에 따른 혜택 확인	화면 오른쪽 상단 만들기 클릭

step 3. 퀴즈 또는 토의토론 선택

step 4. 띵커벨 에디터 입력
제목, 공개범위, … , 문제 입력 후 완료 클릭

step 5. 퀴즈 시작
보관함/내자료/퀴즈 선택/WiFi-on 클릭

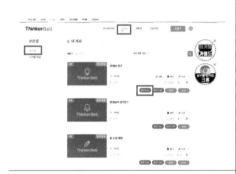

step 6. 퀴즈 시작 옵션 선택
1. 배경음악: 분위기를 신나게 해줌
2. 질문보기: 학생들에게 문제를 보여줌

step 7. 퀴즈 풀이
한 문제씩 답을 확인함.
참여자와 순위도 볼 수 있음

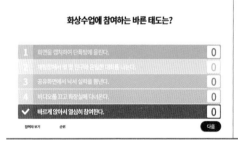

〈참고〉 도전모드
학생이 각자 참여하여 자신의 속도로 문제를 풀고, 최종적으로 순위를 확인함

공저자 약력

김미자 선생님

 초등학교 수석교사. 서울교대 국어교육, 서강대 미디어교육, 영상전공.

서울초등수석교사회 미래교육팀장. 원격수업시대에 혼란스러워하는 선생님들을 위해 이 책을 기획·저술하기로 결심했다.

서울시교육연수원과 연구정보원 등에서 수업관련, 개정교육과정, 과정중심평가, 매체를 활용한 글쓰기, 미디어리터러시 등을 강의했고 서울시교육청 기초학력정책TF팀에서 활동하였으며, 「기초학력오롯이」(공저), 「국어과 부진학습 제로」(공저), 「On교육과정재구성」(공저)을 저술하였다.

정문화 선생님

 서울교대 사회과교육, 서강대 교육대학원 교육공학 전공, 동덕여대 박사과정 중.

북부교육청을 중심으로 원격수업지원단을 구성하여 원격수업 설계와 운영에 대한 컨설팅을 하며, 학교현장에서 학습지도에 어려움을 겪는 선생님들을 지원하기 위하여 수업설계와 교수방법을 연구하고 있다.

정득년 선생님

초등학교 수석교사, 춘천교대 영어교육, 경희대학교 대학원 교육공학과 석사, 박사수료

저서로는 「PBL의 실천적 이해」(공저), 「교실 속 즐거운 변화를 꿈꾸는 프로젝트 학습」(공저), 특히 프로젝트 학습, 하브루타 수업, 민주시민 교육, 체인지 메이커교육, 환경 교육에 관심을 가지고 있다.

영상·교육공학 전공 수석교사들이 만든

원격수업시대: 블렌디드 수업과 학급경영

초판발행   2021년 1월 4일
중판발행   2021년 9월 10일

지은이   김미자·정문화·정득년
펴낸이   노   현

편 집   배근하
기획/마케팅   이영조
표지디자인   이미연
제 작   고철민·조영환

펴낸곳   ㈜ 피와이메이트
                 서울특별시 금천구 가산디지털2로 53 한라시그마밸리 210호(가산동)
                 등록 2014. 2. 12. 제2018-000080호
전 화   02)733-6771
f a x   02)736-4818
e-mail   pys@pybook.co.kr
homepage   www.pybook.co.kr
ISBN   979-11-6519-099-6 93370

정 가   16,000원

박영스토리는 박영사와 함께하는 브랜드입니다.